이
덕
희

이덕희

'어떤 것'이 아니라 '모든 것'을 알고 싶었던

한경심
김 철
박용일
최종고
김미체
이일수
허혜순
이은미
이은석
조여나
정 찬
이충열
임현정
이윤수
하은경
이진희
윤정희
김정환

나비드 $\cdot$ 0

머리말

,

이덕희 선생님이 우리 곁을 떠나신 지 벌써 일 년이 넘었다. 여든을 맞은 해 떠나셨으니 천수를 누렸다고도 할 수 있겠으나 선생님의 죽음은 주변 사람에게 깊은 허망함과 쓸쓸함을 안겨주었다. 모든 죽음은 상실감을 남기게 마련이지만 빛나던 별이 명멸하다 아주 사그라지는 것을 지켜보는 것처럼 선생님의 죽음은 안타까움을 더했다. 선생님의 젊은 시절이 그만큼 빛났기 때문일 테고, 곤궁한 노년의 삶이 길었기 때문일 테고, 그 힘든 시간 동안 선생님을 지켜보면서도 충분히 돕지 못했다는 자책감 탓도 있으리라.

선생님은 평생 독신으로 살며 병마에 시달리면서도 수많은 글을 써내셨다. 그 눈부신 문필활동이 세상에서 합당한 보상을 받아 명예와 부귀를 누렸더라면 이 아쉬움이 덜했을까. 남편과 자식이 있어서 따뜻한 보살핌을 받고 건강하게 사셨더라면 보내는 이의 쓸쓸함이 덜했을까. 깊은 산속에 핀 지초와 난초는 사람이 찾지 않는다고 해서 그 향기를 잃어버리는 것은 아니나, 역시 안타까움을 금할 수 없다. 선생님은 스스로 택한 고독 속에서 살다가셨지만 남은 사람은 선생님을 황망하게 떠나보내고 그 아쉬움에 추모집을 꾸리게 되었다.

누가 먼저랄 것 없이 선생님을 기리고자 하는 마음이 있었지만 먼저 물꼬를 튼 이는 최종고 교수였다. 이덕희 선생님의 법대 후배이자 한국인물전기학회 회장인 최교수는 이선생님의 장례식 이틀 뒤 학림다방에서 간단한 추모모임을 주도했는데, 그 자리에는 서울법대문우회 여러분과 이선생님과 친분이 있는 몇몇 사람이 참석하였다. 그날의 좌담과 여러 분의 추모글이 그해 연말에 나온 서울법대문우회지〔Fides〕에 실렸고, 올해 초 최교수가 추모집을 준비하자고 나비꿈 출판사의 김기창 대표에게 제의를 해왔다. 이선생님의 매제이자 선생님의 저서 《《전혜린》》의 마지막 본을 출간한 김대표는 이선생님의 유품과 자료를 정리하며 이 추모집을 내는 큰 책임을 맡았다.

추모집을 준비하던 중에 평소 이선생님을 따랐던 피아니스트 이윤수씨가 추모 연주회를 결심하여 그 연주회가 열리는 11월에 추모집을 발간하기로 날짜가 정해지면서 추모집 진행은 박차를 가하게 되었다. 이윤수씨의 연주회가 없었다면 이 추모집은 올해 나오기 힘들었을 것이다. 이윤수씨의 발심과 이 연주회를 후원하고 도운 하은경씨와 연출가 이주아씨 등의 노력으로 추모 연주회는 추모집 발간에 의미를 더해주는 자리가 되었다.

추모집 1부에는 선생님의 다양한 저작 가운데 몇 권에서 발췌한 내용을 모아보았다. 선생님은 음악과 무용, 연극 등 예술에 관한 수십 권의 저작을 남기셨다. 수필집과 젊은 시절에 쓴 소설도 있다. 선생님의 저작은 중판과 증보판도 많아 작품목록을 세세하게 나열하기는 힘들지만, 하나같이 선생님의 남다른 식견과 깊이를 보여준다. 이제 절판된 책도 많고, 다양한 분야의 저작을 골고루 뽑고 싶었지만 시간에 쫓기어 주옥같은 글을 다 소개하지 못해 아쉽다. 수필집에서 뽑은 몇 꼭지와 선생님이 그토록 사랑했던 니진스키와 토스카니니 책에서 각각 뽑아보았다. 수필은 물론이고 선생님의 모든 저술에서 선생님 특유의 문체와 호흡을 느낄 수 있다. 이 발췌문을 뽑고 정리하는 일은 생전에 이선생님의 일을 도맡아온 조카 김미체씨가 맡아주었다.

2부는 선생님을 아는 사람들의 회고로 구성했다. 출판 관계 일을 하는 편집자와 기자, 편집 디자이너를 포함하여 젊은 시절 학림에서 어울렸던 지휘자 임헌정씨와 늦게 인연을 맺었지만 선생님과 깊은 음악적 교감을 나눈 피아니스트 이윤수씨, 이윤수씨에게 선생님을 소개한 하은경씨와 조여나씨, 서울법대 학창 시절부터 선생님의 명성을 들었던 법대 후배, 독자로서 선생님과 긴 인연을 이어온 사람까지 평소 선생님을 잘 아는 이들이 선생님을 추억했다. 학림다방의 이충열 대표의 회고에서는 선생님과 학림다방의 특별한 인연을 엿볼 수 있으며, 코리안 심포니의 홍보담당으로 선생님을 직접 만나지 못하고 전화 통화로만 인연을 쌓은 윤정희씨의 회고도 눈길을 끈다. 윤정희씨는 뒤늦게 선생님의 부음을 듣고 눈물을 쏟아내었다. 만나지도 않은 사람에게까지 이토록 큰 영향을 주고가신 선생님의 매력과 성품이 새삼 그리워진다. 사실 선생님에게 스쳐지나가는 인연이란 없었다. 선생님은 한번 사람을 알게 되면, 깊이 소통하고 진솔하게 대하셨기에 스무 명 가까운 사람의 회고는 각각 다른 사연을 담고 있어도 그들이 기억하는 선생님의 모습은 한결같다.

    이 회고글 모음은 지난해 나온 서울법대문우회지에 실린 것을 바탕으로 몇 분이 더 참여해주었다. 선생님이 평소 글 솜씨를 칭찬했던 동생 이진희씨와 조카 김미체씨도 가족을 대표해서 글을 써주셨다. 그러나 미처 연락이 닿지 않고, 시간에 쫓기어 다 싣지 못한 이들이 있다. 그들의 추모글은 아마 다음 추모집을 기약해야 할 것 같다. 2부 앞머리에 들어간 추모시는 부산의 김철 시인이 특별히 써주셨고, 추모집의 디자인과 편집은 일찍이 예하출판사에서 선생님과 인연을 맺은 북디자이너 박소희씨가 자진하여 맡아주었다.

    3부에는 소설가 정찬의 〈베니스에서 죽다〉를 실었는데, 이 작품의 주인공이 바로 이선생님을 모델로 했기 때문이다. 학림다방을 배경으로 이루어진 이선생님과 정찬, 학림다방 이충열 대표의 인연은 선생님이 돌아가시는 시점에도 비슷하게 반복되니, 신기할 따름이다. 이 사연은 부록에 실린 좌담회 내용과 이충열 대표의 글에서 확인할 수 있다.

    모두 생업과 일상에 쫓기는 가운데 시간을 쪼개고 마음을 내어 꾸민 추모집이어서 의미가 크다 하겠으나 이선생님의 유품과 자료가 아직 다 정리되지 않은 상태에다 연주회 날짜에 대느라 발간을 서두르다 보니 아쉬운 부분이 더 많다. 이선생님의 유품 가운데 음악과 무용 관련 원서는 이선생님과 마지막까지 교유한 소설가 강석경 선생의 주선으로 통영 윤이상기념관에 기증되었고—물론 통영에서 살았던 적이 있는 고인의 유지를 따른 것이었다.—이선생님이 받은 편지는 아직 채 정리가 되지 않았다. 이선생님은 주변 사람에게 받은 편지는 모아서 발신자에게 돌려주어야 한다는 의지를 갖고 있었는데, 채 정리가 되지 않아 싣지 못한 것이 아쉽다. 독자와 편집자, 북 디자이너 등과 깊은 정을 나누며 문학과 예술에 관한 이야기를 주고받은 서신과 엽서가 실렸더라면 더욱 풍부한 자료집이 되었을 것이다.

이선생님을 아는 이들에게 가장 반가운 부분은 아마도 선생님의 다양한 모습을 담은 사진일 것이다. 선생님은 한창 문필활동을 펼칠 때에도 인터뷰를 거부하며 세상에 이름 내기를 꺼려했고, 생전에 정기적으로 자신의 주변을 정리해온 분인지라 선생님의 사진을 접할 기회는 거의 없었다. 다행히 유족이 보관하고 있던 사진과 유품에서 나온 사진을 모아 실을 수 있었다. 사진 가운데 육필원고는 이은석씨가 보관하고 있던 것이다. 선생님의 오랜 독자이자 이후 '위대한 만남'이 한국가스공사의 사보에 연재될 때 편집자로서 선생님의 원고를 받았던 이은석씨는 선생님 생전에 편지를 돌려받은 데다 선생님에 관한 자료를 가장 잘 정리하고 보관해왔다. 육필 원고와 엽서에 쓰신 선생님의 독특한 필체는 선생님의 모습과 육성을 떠올리게 한다.

　서둘러 낸 추모집이니 부족하고 아쉬운 부분은 참으로 많지만, 이 추모집이 바탕이 되어 제대로 된 다음 추모집과 평전이 나오길 기다려본다. 깔끔한 성품에 흔적을 남기기를 누구보다 싫어하신 선생님은 이렇게 당신을 기리는 추모집을 내는 데 반대하셨겠지만, 살아 있는 사람은 선생님 생전에 다하지 못했던 정이 아쉬워서 이렇게 서툴게나마 선생님을 기려본다. 선생님을 아는 사람이나 모르는 사람이나 이 추모집에서 현실에 시달리면서도 예술과 이상을 향한 추구를 끝내 놓지 않았던 한 인간의 발자취를 기억해 주기를 염원한다.

2017년 11월 세검정에서

한경심

차 / 례

머리말　5

1부　이덕희 선選

《그대는 충분히 고뇌하고 방황했는가》 중에서　19

《내 눈의 빛을 꺼다오》 중에서　31

《전혜린-사랑과 죽음의 교양시》 중에서　43

《니진스키-영혼의 절규》 중에서　79

《토스카니니-세기의 마에스트로》 중에서　95

2부　내가 만난 이덕희

[김　철]　편지-이덕희 선생님 일주기 기념 추모시　119

[박용일]　고 이덕희 선배님의 삶과 죽음에 대하여　123

[최종고]　법대 여성문필가 이덕희　140

[한경심]　괴팍할지언정 결코 노회하지 않았던 영혼　152

[김미체]　끝까지 '이덕희 다운' 나의 셋째 이모　172

[이일수]　끝까지 꿋꿋함을 지킨 고집스러움의 근원은 무엇이었을까?　177

[허혜순]　예술의 세계로 이끌어 주신 인생의 스승　181

[이은미]　'희카페'의 추억　188

[이은석]	귀인과의 위대한 만남 205
[조여니]	한 동네에 살았던 영혼의 스승 220
[정 찬]	전혜린과 이덕희, 아웃사이더의 죽음 225
[이충열]	마지막까지 학림을 위해 기획안을 준비하신 '학림의 비품' 229
[임헌정]	그 시절 학림다방에는 '이덕희 전용석'이 있었다 245
[이윤수]	참 고마운 선생님, 고마운 순간 254
[하은경]	이덕희 선생님을 추모하며 263
[이진희]	덕희언니, 때묻지 않은 영혼 269
[윤정희]	선생님의 마지막 친구가 올리는 글 274
[김정환]	육필편지, 가장 내밀한 담론 282

3부   베니스에서 죽다   정찬   291

부록   **연 보** 330
          좌담회 332

누구에게 읽히기 위해서 쓰는 것이 아닌데, 쓴다는 짓,

그것이 바로 내가 사는 방식이고

— 나의 삶을 사랑하고 그걸 표현하기 위한 유일한 방법으로 내가 택한 길이며,

일체의 부정 대신 삶에 대한 저 탄복할 만한 긍정을 가르쳐주는

확실한 수단인 것임에랴.

1부

이덕희 선選

《그대는 충분히 고뇌하고 방황했는가》
중에서

나는
왜 글을 쓰는가?

,

75세까지 장수한 리스트는 비교적 젊은 나이인 마흔아홉 살에 일종의 '예술적 증언'이라 할 〈유언서〉를 작성해 두었다. 또한 64세에 간암으로 타계한 브람스는 질병을 하나의 오점으로 여겼을 만큼 그때까지 한 번도 중병에 걸려본 적이 없었지만, 58세에 유언서를 작성해서 출판업자에게 맡겨놓았다.

그러나 이들처럼 역사의 한 페이지를 차지하는 위대한 천재가 못 되는 나로선 아직까지 유언장 같은 걸 만들어놓지는 않았지만, 그 대신 이들보다 훨씬 이른 시기에 자신의 삶을 정리하는 작업을 시작했다. 이를테면 일기장이나 편지 또는 미발표 원고 같은, 자신의 기록이나 자신과 관련된 기록들을 소각함으로써 가능한 한 이미 활자화된 저작물 이외의 '문자로 고정된' 자신의 흔적을 지워 없애는 것이다. 일찍부터 여러 번 건강상의 절박한 위기를 겪었기 때문에 미처 주변정리를 하기도 전에 갑자기 죽게 될지도 모를 때를 대비해서 미리 준비해두자는 것이다. 자신이 이렇게 오래 살 수 있으리라고는 상상도 할 수 없었던 만큼 너무 일찍 요긴한 자료들을 소각해버린 것을 아쉽게 생각한 것도 사실이지만, 그렇다고 주기적으로 되풀이하는 이같은 작업을 중단할 수는 없을 것 같다.

최근에도 바로 이런 정리작업의 일환으로 서류 등속을 조사하던 중 낡은 스크랩북 속에서 나는 다음과 같은 글을 발견했다.

어느 날 베토벤은 말했었다. "왜 나는 작곡을 하는가? 내가 마음속에 지니고 있는 것이 밖으로 나와야만 하기 때문이다"라고. 아마도 그의 말은 옳았었다. 때때로 "나는 왜 글을 쓰는가?"하고 스스로에게 물어보는 순간 나에게 떠오르는 것은 언제나 이 말이었다. 자신의 작품이 문학사의 한 페이지를 차지하기 위한 명성을 위해서, 또한 '인기작가'라는 그 알량한 명단 속에 자신의 이름이 끼이기 위해서 땀을 흘리고 있는 어떤 종류의 기성작가들은 사실 우스꽝스럽다. 아, 물론 그들의 명성엔 때때로 경의를 표해야 할 테지만.

게다가 나는 아직 작가도 아니고(말하자면 나에게는 아직 레텔이 없는 것이다!), 그래서 나는 자유롭고 그것은 결국 나의 기쁨이다. 왜냐하면 나는 아직 정가定價가 매겨지지 않았으니까 말이다. 사실 나는 내가 '싸구려'가 될까봐 겁이 난다.

그런데 도대체 몇 사람의 독자들이 나의 작품을 읽었을까? 그들은 나의 작품을 '읽어주기나' 하는가 말이다. 나는 기대하지 않는다. 아무도 안 읽어준들 어떠랴. 누구에게 읽히기 위해서 쓰는 것이 아닌데. 쓴다는 짓, 그것이 바로 내가 사는 방식이고—나의 삶을 사랑하고 그걸 표현하기 위한 유일한 방법으로 내가 택한 길이며, 일체의 부정 대신 삶에 대한 저 탄복할 만한 긍정을 가르쳐주는 확실한 수단인 것임에랴.

하지만 나는 결국 거짓말을 하고 있는 것 같다. 내가 이 세상에서 제일 싫어하는 거짓말을. 왜냐하면 어쨌든 나는 작품을 '발표'했으니까 말이다. 역시 나도 누군가 나의 작품을 읽어주고 거기에 공감해주고, 그래서 그들과 연결되기를 은근히 바라고 있었던 게 아닌가.

이것은 1963년, 내가 서울대학신문에 단편소설 〈회심〉을 연재했을 때 편집자의 요구에 따라 쓰게 된 〈회심을 끝내면서〉란 글의 전문이다. 이 글을 썼을 때 나는 스물여섯 살이었다.

그때부터 30년 이상의 세월이 흐른 지금 나는 다시 자문自問해본다. 나는 왜 글을 쓰는가? 그리고 그 대답은―30년 전의 그때와 크게 다르지 않을 것 같다. 평생을 나는 '글을 써서 먹고 살았으니', 글쓰기는 어쨌든 나의 직업이요 생업임엔 틀림없다. 그러나 이것은 어디까지나 결과이지 목적은 아니었다(만약에 먹고 살기 위해서라면 뭣 때문에 '글쓰기'처럼 수지 안 맞는 직업을 택했겠는가). 30년 이상을 글을 써오면서 나는 신문·잡지에 의해 나 자신의 의사와는 상관없이 작가, 소설가, 무용평론가, 수필가, 음악평론가, 번역문학가, 칼럼니스트, 자유기고가 등등의 다양한 칭호를 얻게 되었지만, 어떤 것은 부적절하기도 하거니와 어쨌든 나는 칭호 같은 덴 관심이 없다. 나는 언제나 '모든 것을 알고' 싶었지 한 번도 '무엇이 되려고' 열망한 적은 없었다. 나는 모든 것에 관심이 있었고 사물의 근저에 닿겠다는 일종의 광적인 욕망에 이끌려 이 대상에서 저 대상으로 탐구를 계속했을 뿐이다. 순수한 아마추어의 열정으로 온갖 시대의 온갖 개념을 섭렵하고, 온갖 형태의 온갖 아름다움에 매혹되고, 그리고 온갖 영역의 온갖 천재들의 삶에 빠져들어 그들과의 영적인 교감交感 속에서 상승과 하강을 되풀이하는 동안 어느덧 인생황혼의 문턱에 다다른 것이다.

생각건대 아득한 어린 시절, 자의식이 처음 눈뜨기 시작했을 무렵 일기를 쓰기 시작했던 바로 그때부터 나는 글쓰기를 내가 삶을 사는 방식으로 선택했던 것이며, 내가 단독으로 나의 '실존'과 마주할 때 언제나 언어를 그 중개자로 삼아왔음을 거듭 확인하게 된다. 화가에겐 그림이, 음악가에겐 음악이, 그리고 혁명가에겐 행동이 자기표현의 한 방식이듯이, 이를테면 글쓰기는 나에게 자기존재를 '증언'하는 방법의 하나였던 것이다. 그러므로 그 매개인 언어는 나에겐 숙명의 반려였다. 이브가 아담에게 묶여 있듯이, 또한 세상의 모든 지어미가 지아비에게 묶여 있는 것처럼, 어쩔 수 없이 나는 언어에 묶여 있는 것이다.

삶의 이 시기 또는 저 시기에 언어는 얼마나 자주 내게 도움을 베풀었던가! 나의 혼란된 의식에 질서를 부여해주고, 나의 절망한 자아가 길을 잃었을 때 올바른 지표를 찾도록 조력해준 것은 다름 아닌 바로 글쓰기였다. 내가 절망을 기록하고 있었을 때조차도 지나고 보면 결국 그것은 한 층 한 층 삶의 탑을 쌓고 있었던 작업임을 깨닫게 되는 것이었다. 온갖 끔찍한 영혼의 곤두박질 속에서도, 어떤 극단적인 감정의 분출에 자신을 맡길 때조차 그러한 상황의 성격을 규정하고 그걸 언어로써 분석, 정리해서 거기다 뚜렷한 명칭을 붙여 나의 '의식의 서랍' 속에 분류해넣는 작업은 오직 글쓰기에 의해서만 가능했던 것이다. 그리고 이같은 작업이 끝날 즈음엔 길이 막혔던 나는 거의 언제나 새로운 길을 뚫을 수 있었다. 이 정신의 작업을 도와준 것이 바로 언어였던 것이다.

그러나 만약 내가 건강하고 좀 더 오래 살 수 있다면 이젠 글쓰기의 직업을 그만두고 온갖 진기한 식물들로 들어찬 드넓은 정원에서 식물의 생태를 연구하며 여생을 보내고 싶다. 그래도 결국 내가 관찰한 것이나 느낀 것들을 나도 어쩔 수 없이 기록해두지 않고는 못 배길 것이니 아무래도 나와 언어는 숙명적인 인연으로 묶여 있음에 틀림없다.

내가
좋아하는 그림

,

좋아하는 화가가 누구냐고 묻는다면 나는 서슴지 않고 "들라크루아!"라고 대답할 것이지만—그리고 이 화가에 대해 최소한도 한 시간 이상이나 열변을 토할 용의가 있지만(허용된다면 책 한 권을 쓸 수도 있다)—그러나 '내가 좋아하는 그림'에 관해서 말하라면 선뜻 입이 떨어지지 않는다. 왜냐하면 동서고금의 그 숱한 걸작 중에서 어떻게 단 한 점만 선택할 수 있단 말인가? (하긴 인쇄된 복사판으로만 감상했지만) 물론 걸작이라 해서 무조건 다 좋아한다는 건 아니지만(또 그럴 필요도 없고) 이것은 이래서 좋고, 저건 저래서 좋고—

그것들은 제각기 고유의 빛과 생명을 지니고 있어 우리들 영혼에 그나름대로의 반향을 불러일으키니까 말이다.

뭐라 비견할 수 없을 정도로 밝은(거의 투명한) 색조 속에 흡사 흐르는 붓으로 그어놓은 것 같은 윤곽을 한 천사며 마돈나, 천진난만한 성자들이 중력 없는 공간에서 무게 없이 둥둥 떠다니는 것 같은 천상적 분위기로 가득 찬 프라 안젤리코의 성화聖畵들, 푸른 광채가 신비한 인광燐光을 발하는 듯한 깊은 종교적 비애가 넘쳐 흐르는 엘 그레코의 화면, 불안을 강요하는 것 같은 고흐의 그림들, 흡사 흥미진진한 병리학病理學의 한 단면을 대하는 듯한 기분을 일으키는 뭉크나 앙소르의 작품들 …… 그리고 들라크루아! 그 소재가 무엇이건 화면마다 하나의 장대하고 심오한 드라마가 약동하고 있는 듯한 웅대한 그의 세계—단순히 한 마리 사자를 그리건, 꽃을, 혹은 아라비아의 말이나 모로코의 여인을 그리더라도 그의 붓이 닿기만 하면 그것은 자연의 일부로서 존재하는(우리가 흔히 알고 있는 바) 꽃이나 말이 아니요, 들라크루아 자신의 정신과 상상력에 의해 변용된 하나의 세계가 되는 것이다. 그는 자기식으로 자연을 우리에게 변역해주고 있다.

그러니 주제가 종교적인 것이거나 문학작품에서 취재한 그림인 경우는 더 말할 나위도 없다. 그야말로 그의 무한한 상상력과 심오하고 정력적인 정신을 유감없이 발휘할 수 있는 영역이기 때문이다. "나는 나의 정신으로 사물들을 장식하여 그 정신의 반향을 다른 사람들의 정신에 투사하고 싶다"고 한 그 자신의 고백이 무엇보다 이를 잘 설명해 주고 있다. 흔히 우리는 셰익스피어의 작품을 일러 '인생 그 자체'라고 하지만 같은 의미로 들라크루아에 대해서도 그렇게 말할 수 있으리라. 하긴 들라크루아 자신 셰익스피어나 단테, 또는 바이런의 열광적인 번역자였다고 할 수 있으니, 이들의 세계를 그는 무한한 상상력을 가지고 화폭 위에다 생생히 구현시키고 있기 때문이다.

이를테면 《지옥의 단테와 버질》도 그 제목이 명시하는 바와 같이 단테의 《신곡神曲》〈지옥 편〉에서 취재한 것인데, 들라크루아의 최초의 걸작으로서 24세 때의 작품이다. 휘몰아치는 물결과 무시무시하게 위협적인 하늘빛이며 몸부림치는 육체와 통렬한 근육의 전율 등 …… 한 편의 살아 있는 격렬한 드라마로서 이미 들라크루아의 장래 걸작들의 모든 요소가 이 그림 속에 내재하고 있다. 그는 이 그림의 일부(보트 뒤쪽에서 한 팔을 뱃전 위로 밀어넣은 채 기어 오르려고 안간힘을 쓰는 머리)를 친구가 단테의 지옥 편을 곁에서 낭독하는 걸 들으면서 무서운 스피드와 정력으로써 순식간에 휘갈겼다고 일기에서 고백하고 있다.

이 작품이 1822년의 살롱전에 출품됐을 땐 격렬한 찬반의 선풍을 불러 일으켰다. 그의 스승 게렝은 호되게 비난했으며 획일적인 아카데미즘에 젖어 있던 심사위원 대부분이 눈살을 찌푸렸음은 물론이다. 그러나 그로 남작은 '단련된 정신을 지닌 루벤스'라고 격찬해 마지않았으며 자기 비용으로 금박 업힌 액자까지 짜주었던 것이다. 어쨌든 이 그림은 신新고전주의와 아카데미를 향해 사나운 혁명의 깃발을 휘두른 첫 신호였다는 점에서도 미술사상 획기적인 의미를 지니고 있는 것이다.

그러나 내가 특히 이 그림을 좋아하는 이유는 그런 것과는 아무 상관이 없다. 이 그림은 바로 '인간존재의 비참'에 관한 축도縮圖와 같기 때문에 좋아하는 것이다.

누구나 이 그림을 보고 있으면 깊은 명상에 잠길 것이다. 이 그림 앞에선 온갖 변전變轉하는 모상模像을 좇는 헛된 욕망이 물거품처럼 사라짐을 나는 느낀다. 영혼 속에 쌓아올린 바벨의 탑이 한갓 신기루에 지나지 않는다는 것을. 아마도 그것은 《신곡》의 다음 구절을 연상하게 되기 때문인지도 모른다.

나를 거쳐서 슬픈 고을로 가는 것
나를 거쳐서 끝없는 괴로움에로 가는 것

나를 거쳐서 멸망된 족속 안에로 드는 것이니.

단테가 버질의 안내를 받아 지옥권圈 순회의 첫발을 내디뎠을 때 지옥문에 새겨져 있던 말이 바로 이것이었다.

《내 눈의 빛을 꺼다오》
중에서

내 눈의 빛을
꺼다오

,

나의 새벽 산책은 일종의 탈출이었다.

　흡사 밤의 망령인 양 의자 위에 망연히 앉아 지끈지끈한 두통과 오만가지 번뇌로 구멍이 숭숭 뚫린 골통 속에서 한없이 잇따라 나오는 사고思考의 연쇄줄에 질질 끌려다니는 지긋지긋한 불면의 밤을 거친 뒤에, 내가 만약 죽음과 망령의 냄새로 꽉 찬 이 밀폐된 자아의 감옥으로부터 차고 신선한 새벽공기 속으로 뛰쳐 나가지 않았던들 생명은 이 오염된 공기를 더 이상 견디지 못하고 질색해 버렸을지도 모른다. 그러니까 이것은 나의 병든 사고에 질식하지 않으려는 내 생명의 본능적인 몸부림이었던 것이다.

그것은 생명의 도주였으며—그리고 이와 같은 생명의 본능적인 항거는 실상 헛된 것이 아니었음을 나는 번번이 깨닫게 된다. 왜냐하면 내가 인기척 하나 없는 캄캄한 새벽길을—미로迷路같이 얽힌 그 어두운 골목길을 이리저리 돌아 휘청거리는 다리로 비틀거리며 흡사 몽유병자처럼 몇 시간이고 외로운 표박漂迫을 계속하는 동안 나는 이따금 전혀 기대하지도 않았던 '선사된 순간'을 맛볼 수 있었기 때문이다.

그것은 비록 섬광처럼 짧은 순간이긴 하지만, 또한 정말로 그것이 존재했었던가에 의혹을 느낄 정도로 너무나 순식간에 덧없이 사라져 버리지만, 그러나 하여간 그것은 '있었던' 것이다. 나는 그러한 순간들을 체험한 기억을 갖고 있는 것이다. 한순간의 매혹, 가슴이 꽉 막히게 아름다운 순간, 정신을 마비시키는 것 같은 도취, 꽉 찬 생의 희열, 갑자기 내가 미망迷妄에서 깨어나 빛을 본 것 같은 통찰의 순간—내가 이 지긋지긋한 죽음의 망집妄執에서 벗어나 또다시 살 수 있을 것 같은 온갖 신기루를 본 듯한 순간…… 비록 그것이 허망한 환각, 덧없는 착각에 지나지 않는다 할지라도, 또한 그 한순간이 사라지고나면 또다시 헤어나올 수 없는 사고의 그물 속에 갇혀버리게 되리라는 걸 너무나 잘 알고 있었다 해도, 그러한 순간을 체험했다는 사실은 이후의 길고 긴 인고忍苦의 삶을 견딜 수 있게 해주는 것임에랴!"

　물론 우리가 젊고 건강할 때엔 대체로 이같은 순간을 자주 체험할 수 있다. 또한 옛날엔 내가 그러고자 한다면 자주 나는 내 '의지로써' 그러한 순간을 불러올 수도 있었다. 그러나 너무나 오랫동안 내 심장은 죽어 있었으며 나의 의지는 이제 그렇게 할 힘을 잃어버렸음을 나는 통절히 느꼈었다. 이미 오래 전에…… 나도 또 — 젊은 시절의 랭보처럼 내가 원할 때면 언제나 '공장 대신에 회교의 사원을, 북치는 천사들을, 하늘 길을 달리는 마차를, 호수 바닥에 있는 객실을, 괴물을, 신비를' 볼 수 있도록 나의 의지를 훈련시킨 적도 있었건만, 그러나 아무리 무서운 회초리로 심하게 채찍질을 해도 나의 영혼은 이젠 날 수가 없다. 그것은 같은 자리를 뱅뱅 돌기만 할 뿐—나의 의지는 영혼을 들어올릴 힘을 잃은 지 아득히 오래되었기 때문이다. 이러한 나에게 새벽은 정말 뜻하지도 않았던 은혜를 베풀었던 것이다!

　지치고 피곤한 영혼에겐 자연은 언제나 친절한 법이다. 그것은 아무리 완고한 마음에도 도달하는 길을 알고 있고 꼬치꼬치 말라 비틀어져 매장埋葬된 혼일지라도 움직이게 할 수 있는 힘을 지니고 있다.

　아직은 그 누구의 발길도 닿지 않는 희고 순결한 새벽길을 혼자서 헤매어보라. 꼭꼭 닫힌 대문 안에서 아직은 잠자고 있을 사람들을 자꾸자꾸 뒤로 하고 꼬불꼬불 얽히고 설킨 미로 같은 골목길들을 이리 돌고 저리 돌아 정처없이 걷다보면 어느새 이름도 모를 어느 산길에 이른다. 희부옇게 동이 터오는 미명未明의 뭐라 말할 수 없는 빛깔 속에서 하얗게 눈에 덮인 채 몽롱하게 모습을 드러내는 저 산봉우리들, 눈을 반쯤 이고서 흡사 기도하는 자세인 양 경건하게 서 있는 나목裸木들 사이로 아스라이 피어오르는 자욱한 안개……

    차고 신선한 금속성 공기가 뺨에 와 닿았을 때 나는 가슴속까지 와들와들 떨리는 걸 느꼈다. 갑자기 알 수 없는 어떤 힘이 속에서 불쑥 밀고 올라와 나는 산모퉁이를 돌고 또 돌아 자꾸자꾸 위로 올라갔다. 하얀 나뭇가지들을 이리 당기고 저리 밀치면서…… 문득 알 수 없는 충동에 이끌려 눈에 덮인 나무 등걸을 꽉 끌어안았을 때 심장이 격렬하게 고동치는 걸 나는 생생히 느꼈다. 그것은 일종의 육체적 고통과도 흡사한 것이었다. 너무나 오랫동안 내 육체는 그와 같은 생생한 감각을 맛보지 못했었기에 나는 깜짝 놀랐다.

    심장이여, 심장이여! 너는 한 번 더 날뛰느냐? 한 번 더 살아서 날뛰거라. 다시 살아서 기뻐하고 괴로워하거라! 오랫동안 죽은 듯이 침묵하고 있던 존재의 저 밑바닥에서 불현듯 생명의 수줍은

태동이 시작되는 걸 나는 느꼈던 것이다. 아직은 하마 꺼져버릴지도 모를 미동微動에 지나지 않지만 조만간에 그것은 점차 자라 어느 날엔가는 생각지도 않았던 놀라운 형상을 빚어낼지 누가 알겠는가?

  못 위로 골짜기 위로 산과 숲과 구름과 바다를 넘어
  태양 저너머 에테르 저너머
  별 총총한 천구天球 저너머

  내 마음 그대 가벼야이 날아
  물결 속에 넋을 잃은 헤엄군모양
  말할 수 없이 씩씩한 쾌락을 맛보며
  드깊은 무한을 희희낙락 달린다.

  날아라 그대 이 질병의 독기를 떠나 머얼리
  가라 드높은 대기 속에 그대 몸을 씻으러
  그래서 맑은 허공 뒤덮은 순결한 불을
  깨끗한 신의 술인 양 마시어라.
  안개 자욱한 생활을 억누르는

저 권태와 드넓은 번뇌를 뒤로 하고
맑고 빛나는 들을 향해 힘찬 날개로
나아갈 수 있는 몸은 행복도 하다!

그 생각 종다리 모양 이른 아침
하늘을 향해 자유로이 날아 올라
인생 위를 달리며 꽃과 말 없는 만상의 말을
쉽사리 알아낼 수 있는 몸은 행복하여라!

(보들레르)

나는 아름다움을—한순간의 매혹을, 신기루 같은 환각을 자주 내게 불러오련다. 외계에서 그것이 선사되기만을 기다리지만 말고 내 의지로써 그걸 불러올 수 있어야만 한다. 외부에서 무상無償으로 제공된 그러한 순간을 어쨌든 생생히 느꼈다는 사실은 결코 소멸되는 무엇은 아니다. 그러한 순간은 나타났던 것처럼 순식간에 사라져버리지만 그에 대한 기억과 표상을 나는 지니고 있는 게 아니냐. 아름다움의 표상이 뚜렷이 내 마음속에 새겨져 있는 한, 비록 외계의 아름다움이 아주 사라져버린다 해도 나는 아름다움을 감각할 수는 있을게 아닌가.

그렇다. 어떤 것도 이 삶 속에서 느끼는 아름다움에 대한 나의 감각을 마비시키지는 못했다는 사실을 나는 확연히 깨달았다. 어떤 역경 속에서도, 어떤 가혹한 현실 속에서도—온갖 경험도—질병과 궁핍과 죽음 같은 절망 속에서도, 삶의 온갖 추함과 비참 가운데서도 아름다움을 감각하는 나의 능력은 손상되지 않은 채 오롯이 살아 있었음을, 불행과 고난은 이 삶의 아름다움에 대해 나를 장님으로 만들기는커녕 오히려 더욱 선연히 그걸 볼 수 있게 해주었음을—나는 무한한 감사에 찬 마음으로 재확인했다.

  내 눈의 빛을 꺼보아라. 그래도 나는 그대 아름다움을 볼 수 있으리니—왜냐하면 나는 내 기억 속에 그대의 표상을 새겨두었으므로. 온갖 아름다움이 진정으로 사라져버릴 때 그때는 부디 내 눈의 빛을 꺼다오! 바라볼 아름다움의 대상이 존재하지 않을진댄 두 눈의 빛이 무슨 소용이랴!……

  밝아오는 새벽, 뿌우연 안개 속에서 회색으로 길게 누워 있는 차디찬 돌다리 난간에 기대서서 눈에 덮인 주위의 풍경을 바라보며 나는 이렇게 느꼈다. 생각한 것이 아니라 '느꼈던' 것이다. 희끗희끗 눈에 덮인 헐벗은 나뭇가지들 사이로 서서히 모습을 드러내는 지붕들, 사각으로 반듯반듯 뚫린 몇 개의 유리창에 오렌지빛으로 반짝반짝 불밝혀지는 걸 바라보면서. 그 속에서 살고 있는 사람들. 이제 곧 해가 떠올라 지붕을 금빛으로 물들이면 삽시간에 온갖 종류의 삶이 눈을 뜨리라.

이 순결한 새벽, 설경雪景 속에서 만상은 아직도 고요한데 어디선가 개짖는 소리가 들리고, 이어 사방에서 뭐라 표현할 수 없는 미묘한 소리들이 비밀스럽게 수런대기 시작한다. 그것은 새벽이 잠깨는 소리, 삶이 기지개를 켜는 신호이다. 멀리 하늘은 진주빛과 분홍빛, 보랏빛으로 길게 번쩍이며 밝아오고…… 오오 이승은 얼마나, 얼마나 신비롭고 아름다울 수 있으며 이승에서의 삶을 누린다는 것―이 모든 것을 볼 수 있고 감각할 수 있고 사랑할 수 있다는 것은 얼마나 엄청난 은총일까.

나는 돌다리 난간에 망연히 기대선 채 내가 그리도 이 삶을 사랑하고 있음을 '통절히' 느꼈다. 그렇다. 통절히. 왜냐하면 나는 너무나 자주 이 아름다움으로부터 등을 돌려왔음을, 또한 그럼에도 그걸 진정으로는 부정할 수 없었음을 인정하지 않을 수 없었기 때문이다. 또한 이같은 순간의 매혹, 가슴저릿한 행복은 이 순간이 지나면 신기루처럼 사라져버리고 또다시 영원한 삶의 무게가 내 머리 위를 무자비하게 지지누를 것임을 너무나 잘 알고 있었기 때문이다. 이 시간 속에서 느끼는 삶의 아름다움 그 자체는 시간을 초월한 것이므로 그것은 과거에도 있었고 영원히 존재할 것이지만, 그것을 보는 나의 존재는 유한한 공간과 시간 속에서의 한갓 미소한 생명, 어느 땐가는 이 모든 것을 볼 수 없고 느낄 수도 없게 되리라는 비애를 속속들이 맛보았었기 때문이다.

아름다움—우주의 장엄한 침묵 속에서 언뜻언뜻 모습을 드러내는 아름다움, 삶의 온갖 혼돈과 공포 속에서도 의연히 피어오르는 아름다움—영원히 있고 불변하는 아름다움—무심하고 냉정하고 자기대로 존재하는 아름다움—그것은 우주처럼 냉담하고 영원처럼 불면이고 신神처럼 완전하다.

오오, 덧없는 인류여!
나는 돌의 꿈모양 아름답다.

(보들레르)

이것이 아름다움의 진정한 본질이다. 그리고 우리는 그걸 어떤 순간에만 참으로 감지感知할 수 있을 뿐이다. 우리는 변전變轉하는 온갖 모상模像을 뒤쫓아 아름다움을 추구하지만 우리가 붙잡은 것은 언제나 허망한 그림자일 뿐이고 아름다움 자체는 흡사 스핑크스모양 우리가 도달할 수 없는 아득한 곳에 군림하고 있는 걸 발견하게 된다. 이것이 바로 피조물인 우리 인간의 슬픔인 것이다.

우리는 아름다움을 감각할 수는 있되 결코 포착할 수는 없는 것이고, 아름다움 그 자체는 우리가 그걸 느끼건 말건 '있는 그대로' 영원히 존재하는 것이기 때문이다.

그러나 우리 인간이 아름다움을 감각할 수 없을진댄 그것이 존재한들 무슨 의미가 있단 말인가? 그것이 우리의 시각에 들어왔을 때, 우리의 감각을 자극했을 때, 우리의 지각이 그에 호응했을 때, 그리하여 우리가 '느낀 바대로' 거기다 어떤 명칭을 부여했을 때—그때야 비로소 그것은 '우리에게 존재'하게 되는 것이다. 이 아름다운 설경雪景, 저 불빛, 저 하늘, 내가 지금 기대고 있는 이 돌다리며 수목들도 내가 살아 있고 그걸 아름답다고 느끼기 때문에 아름다울 수 있는 것이다. 내가 죽으면 이 모든 걸 볼 수도, 느낄 수도 없을 게 아니냐.

나에게 삶은 아름다웠고 지금도 아름답고 영원히 아름다울 것이다. 나는 이 삶의 아름다움을 옛날에도 느꼈었고 지금도 느낄 수 있고 영원히 그렇게 느낄 것이므로. 나의 생명은 그걸 감각할 힘을 주고 있기 때문에.

어느 날엔가 나는 이 모든 아름다움을 위한 나 자신의 고유한 언어를 발견하게 되리라. 내가 그것들에게 각각 알맞는 명칭을 부여할 수 있도록…… 그럴 수 있을 때까지 나는 살아야 한다. 어제

서 죽음을 생각하는가? 무엇 때문에 시간을 앞질러 서두르는가? 내가 이 삶에서 맛볼 수 있었던 아름다움이 그 얼마나 많았던가? 그리고 앞으로도 또 얼마나?

나는 이 삶의 아름다움을 옛날에도 느꼈었고 지금도 느낄 수 있고 영원히 그럴 수 있을 것이매 삶은 옛날에도 아름다웠었고 현재도 아름답고 또한 영원히 아름다울 것이다. 그것이야말로 행복이 아니던가? 행복? 그렇다. 행복하지 못할 이유가 어디 있는가?

《혜린-사랑과 죽음의 교양시》
중에서

나와 혜린과의
만남

,

죽은 뒤에도 잊혀지지 않는 사람이 있다. 변화와 소멸이란 영원한 시간의 법칙에 역행이라도 하는 듯 세월이 갈수록 더욱 기억이 새로워지고 새삼스럽게 상실감이 절실한 밀도로 와닿곤 하는 사람— 내게 있어 전혜린은 그런 사람 가운데 하나이다.

    17년 전 그녀가 그렇듯 갑작스럽고도 이상한 죽음으로 이 지상을 떠나지 않았던들 아마도 언젠가는 나는 (다른 모든 인간관계가 그렇듯이) 그녀를 떠났을지도 모르고 (혹은 그녀가 나를 떠났거나) 어느 날엔가는 그녀의 존재를 잊고 지냈을지도 모른다. 또 실제로 그녀가 죽었을 당시에 우리는 서로가 자신의 문제에 너무나 몰두해 있었기 때문에 거의 만나지도 않았고 서로를 찾을 겨를이 없었다는 게 솔직한 고백이다. 그러나 공교롭게도 그녀는 죽기 전날 나를 찾았고 (그녀가 죽음을 예감하고 있었는지는 알 수 없지만) 그래서 결국 나는 그녀의 지상에서의 마지막 시간을 함께 나눈 사람이 된 셈이었다. 바로 그날 밤이 그녀의 삶의 마지막 페이지가 될 줄을 어찌 내가 예감할 수 있었겠는가? 수수께끼의 죽음. 그리하여 그녀는 아마도 바로 그러한 죽음 때문에 영원히 나와 결부되었는지도 모른다.

그녀의 사후 그렇듯 수많은 시간의 축적 뒤에 그리고 숱한 변모를 겪은 뒤에 지금도 어느 순간 문득문득 그녀의 시선, 그녀의 몸짓, 그녀의 음성이 불시에 내게로 화악 다가옴을 느끼고 나는 깜짝 놀라곤 한다. 그것이 그리도 생생한 것에, 과연 그럴 수가 있단 말인가? 하고.

내가 전혜린을 처음 알게 된 것은 1960년이었다. 그녀가 5년간의 독일 유학에서 돌아와 모교인 서울 법대(교양학부)에 독일어 강사로 막 출강했을 때였다. 그녀의 비범한 두뇌를 높이 평가한 당시 법대 학장 신태환 교수가 이례적으로 과감하게 그녀를 채용했던 것이다. 그녀는 스물여섯 살이었다. 나는 스물세 살이었고. 그

때 나는 같은 대학 대학원에서 국제법을 연구하고 있었다. 그녀는 나보다 3년 선배였으나 내가 대학에 입학했을 당시엔(55년) 뮌헨으로 떠나기 직전이었으므로 캠퍼스에서 그녀를 볼 수 있는 기회가 없었다. 다만 그녀의 비범한 두뇌와 기발한 행동(예컨대 당시로선 거의 혁명적이라 할 음주와 흡연 및 괴짜 같은 짓)에 대해선 주위로부터 간간이 들은 바가 있어 무척 호기심을 가지고 있었다.

내가 서울 법대에 입학하게 됐을 때 서울 문리대 출신인 내 친척오빠되는 분이 대학생활에 대한 이런저런 화제 끝에 전혜린에 대한 언급을 했는데, 아마도 이것이 내가 그녀에 대한 얘기를 듣게 된 최초의 경우가 아니었나 싶다.

"너 법대에 들어가면 전혜린이란 괴짜가 있단다. 머리가 굉장히 좋고 남자들과 막걸리도 잘 마시고 담배도 피우며 큰 소리로 떠들고…… 아무튼 굉장한 여성이니 너 한번 사귀어봐."

이렇게 그가 말했던 걸로 기억한다. 요즘 같으면 남녀 고등학생들도 다 담배를 피우고 소위 '살롱'이란 맥주홀이나 대폿집에도 남녀 대학생들이 판을 치고 있을 정도로 세상은 변했지만 50년대만 해도 젊은 여성의 음주, 흡연은 하나의 혁명적인 사건이었고 사회에선 무조건 흰눈으로 봤을 때니 전혜린이 당연히 화제에 오르게 되는 것도 무리가 아니었다. 게다가 이런 소문도 들렸다. 그녀는 입시에서 수학에 0점을 맞았으나 전체의 2등인가 뭐 그 비슷한 성적으로 입학했다고. 그래서 한 과목이라도 과락科落을 맞으면 입학이 안 되는 당시의 학칙에도 불구하고 워낙 성적이 좋아 사정회査定會에서 합격시키기로 결정했다는 것이었다. 소문의 진위야 알 수 없었으나 어쨌든 이 모든 이야기가 젊은 내 호기심을 자극하기엔 충분했던 것이다.

그러나 유감히도 그녀의 모습은 캠퍼스 어디에서도 볼 수 없었다. 그리고 그녀를 만나리라는 기대가 애초에 진지한 관심에서라기보다 다소 경박한 호기심에서 비롯된 것이었던 만큼 그 호기심의 대상이 사라져버렸기 때문에 얼마 안 되어 나는 그녀의 존재를 잊어버렸다. 또한 그녀에 대한 화제를 더 이상 들을 기회도 없었다.

우리의 해후가 5년 뒤로 미루어져 있었다는 사실을 어찌 내가 상상이라도 했겠는가?

그녀가 법과대학에 출강하게 된 뉴스를 맨 먼저 내게 알려준 사람은 당시 학장 비서였던 J 여사였다. 혜린은 강의가 있는 날이면 으레 학장실에 들렀다가 강의실로 갔는데, 나는 그때 바로 학장실과 복도 하나를 사이에 둔 이한기 교수(나의 지도교수님) 방을 쓰고 있었던지라 언젠가는 복도에서 우연히 마주칠 수도 있었을 것이다. 그러나 나는 우연을 기다리지 않았다. 기실 나는 그때까지도 그녀에 대해 별로 아는 바가 없었고 따라서 결코 진지한 관심이 있었던 건 아니다. 그녀의 글이라곤 그녀가 대학 3학년 때 법대학보에 발표한 수상 한 편과 재독시 번역한 사강의 소설 《어떤 미소》를 읽은 게 고작이었다. 학보에 게재된 〈Monologues〉란 단상은 상당히 강렬한 인상을 내게 남겼던 걸 기억한다. 마치 자유연상의 연속인 것 같은 내적 독백으로서 재기와 광기가 번뜩이고 치열한 자기혐오가 넘쳐흐르는 듯한 글이었다. 그러나 그때까지도 그녀를 만나보도록 나를 부추긴 것은 단순한 호기심에 지나지 않았다.

어느 날 (6월이었다고 기억한다) 나는 학장 비서로부터 "전혜린 씨가 지금 학장실에 와 있는데 강의는 끝났다"는 정보를 듣고 함께 다방으로 가자고 했다. 지금은 없어진 구 법대 맞은편에 있던 낙산다방에서 비서는 우리 둘을 인사시켜주고는 곧 사무실로 돌아갔다. 우리의 첫 대면은 이렇게 해서 이루어졌다.

얼마나 이상하고 특이한 인상이었던지! 상당히 무더운 날씨였는데 (나는 얇은 반팔 블라우스를 입었던 걸 기억한다) 그녀는 원피스 위에 스웨터를 걸치고 머리엔 스카프를 쓰고 있었다. (후에 나는 이같은 옷차림이 오뉴월에도 눈이 내리곤 하는 독일의 날씨 때문에 독일에서 습관이 된 것이라는 걸 알게 되었다.) 눈썹까지 내려덮은 더부룩

한 검은 머리와 강렬한 빛을 발하는 불안한 눈동자……. 도대체 한 번 보기만 해도 절대로 잊을 수 없는 인상이었다. 나는 그 이전에도 이후에도 그와 비슷하기조차 한 얼굴도 결코 알지 못한다. 어떤 의미로 그건 '그로테스크한' 용모였다는 게 옳다. 하지만 그녀의 새까만 두 눈은 나를 매혹했다. 내가 그 시선에 닿자마자 대번에. 나는 그때까지 그러한 종류의 눈을 결코 본 적이 없었다. 강렬하게 번쩍이면서도 방황하는 듯한, 집중적이면서도 동요하는 그렇게도 정신적인 눈을.

다방 안은 학생들로 꽉 찼고 무척 시끄러웠다. 게다가 많은 시선이 우리를 주시하고 있었다.

"여긴 권태로와, 시내로 나가!"

우리가 커피를 마신 뒤 5분도 안 되어 그녀가 불쑥 말했다. 나는 이 '권태로와'란 표현이 어쩐지 생경하고 우스꽝스러워 혼자 웃었던 걸 기억한다. 그래서 우리는 명동으로 갔다. (50년대의 명동은 말하자면 낭만의 상징이요, 대명사였다는 사실을 상기하라.) 그녀는 나를 어떤 비어홀로 데리고 들어갔다.

우리가 어두컴컴한 홀로 들어서자 아직 5시도 안 되었던지라 손님은 하나도 없고 의자에 모여앉아 노닥거리고 있던 아가씨들과 웨이터들이 후닥딱 일어나더니 흡사 동물원에 새로 들어온 진귀한 짐승이라도 구경하듯이 호기심에 찬 시선과 야릇한 미소로 일제히 쳐다보는 것이었다. 당시만 해도 여자가 술을 마시는 건 진풍경의 하나였는데다 그것도 여자만 둘이서, 거기다 그렇듯 특이한 외양의 여성이었으니! 우리가 의자에 앉아 맥주를 마시자 이젠 숫제 죽 둘러앉아 노골적으로 구경들을 하는 게 아닌가. 우리는 둘 다 그걸 재미있게 느꼈던 것 같다.

그리고 그녀는 얘기를 시작했다. 쉬지 않고 줄곧, 큰 소리로 빠르게, 그처럼 격렬한 억양과 몸짓으로. 화제는 이것에서 저것으로 연결도 없이 이어지고 무궁무진 숨가쁘게 흘러나왔다. 그녀는 자주 미소했고 다정하게 거의 수줍음조차 지닌 부드러움을 가지고 얘기 도중 내 팔을 잡곤 했다. 나는 이따금 간투사나 삽입하면서 청취자 노릇만 하면 되었다. (우리 둘의 대좌에서 이같은 패턴은 다소 수정되긴 했지만 이후에도 죽 견지되었다.)

나는 그녀가 쏟아내는 말의 격류 속에서 '권태'와 '광기'란 두 낱말이 너무도 자주 등장하는 걸 의식했다. 그녀의 마치 정적을 무서워라도 하는 것 같은 저 다변多辯의 의미를 나는 훨씬 뒷날에야 이해하게 되었다. 그녀가 어째서 그처럼 격렬하게, 마치 항거하는 것처럼 쉴새없이 얘기하지 않으면 안 되었던가를. 그녀가 이룩하는 온갖 시선과 몸짓은 공허를 충만으로 바꾸기 위한 의식적인 항

거였다는 것을. 대화는 언제나 그녀를 구출했던 것이다. 일상성의 피로로부터, 고독으로부터, 권태와 공허로부터, 또한 죽음의 공포로부터…….

덕희도 짐작했겠지만 나는 좀체로 편지를 못 쓰는 사람의 하나야. 도대체 스타일이나 기타 문자를 응고시키는 힘, 또 그 구조물에 hypnotising하는 마력을 부여시키는 일―이런 모든 것은 나에게 동경의 한숨이나 질투밖에 안 일으키니까 말이야.
어젯밤부터 돌연 '덕희'라는 글자가 내 머릿속을 뱅뱅 돌고 점으로 되어 고착되고 그 점은 편지라는 또 하나의 선線과 금그어졌어. 그런 상태로 지금 새벽까지 있다가 그냥 펜을 들고 말았어. 그 선이 과연 '받는 것'을 또는 '주는 것'을 어느 편을 의미하는지도 풀어보지 않은 채…….
너무 산문적인 리듬에 통일된, 빈틈없이 권태로 꽉 차 있는 공간 속에 살면 아마 글이 마비되는 것 같다. 나중에는 글이 프로이트의 자유연상自由聯想이 되고 마니까 말이야. 금붕어나 구라파, 애기, 독립, 밤, 사과, 죽음과 독약과―이런 식으로 사고가 치인癡人의 중얼거림과 흡사히도 닮아가고 있음을 발견하곤 한다. 통일 있는 내용을 생활 속에 담고 싶고 그 내용에 내

전 영혼이 뒤흔들리는 그런 방식 속에 살고 싶다면 과대망상 광적일까? 아무튼 당분간 글도 일기도 책도 나와는 아듀야. 그냥 앉아 있어. en fumant, en rêvant …… et …… j'attends.('담배를 배우며, 꿈꾸면서…… 그리고…… 기다리지'라는 뜻-저자)

덕희야. '옆집 사람처럼' 사귀는 것은 아무 소용도 없어. 그렇지? 그 이외의 길을 뚫어야 할 거야. Wenn Zwei Menschen sich begegnen…….('두 사람이 서로 만날 때……'라는 뜻-저자)

à bientôt

P.S. : Mon Dieu

이것은 내가 혜린으로부터 최초로 받은 편지의 전문이다(1962년 1월 26일). 그리고 날짜가 기입된 편지로선 이것말고 두세 통이 더 있을 뿐이다.

내용도 그렇지만 영국 항공사의 마크가 찍힌 손바닥만한 푸른빛 여객용 편지지에다 빨간 볼펜으로 거의 띄어쓰기도 무시한 채 빼곡하게 써넣은 글씨와 또한 손으로 직접 만든 파란 바탕에 얇은 반지를 씌운 너무나도 작은 봉투(보통 규격의 반도 안 되었다. 그래서 당시 배달부가 내게 불평했던 걸 기억하고 있다. 부언해두지만 혜린은 상점에서 파는 보통 규격의 긴 봉투를 절대로 사용하지 않았다. 내가 받은 그녀의 모든 편지는 거의가 손수 만든 것으로 전부 규격과 빛깔이 달랐고 거기다 또 봉투 뒷면엔 말린 꽃잎들을 덕지덕지 붙여오곤 했으므로 발신인을 보기도 전에 그녀의 편지임을 대번에 알 수 있었다. 또한 편지지의 색깔은 대체로 편지를 쓸 때의 그녀의 기분, 즉 편지의 내용과 부합되는 것이었다)하며 여태까지 내가 받은 어떤 편지보다도 특이했고 그만큼 인상적이었다.

우리 두 사람 중 누가 먼저 편지를 쓰기 시작했는가는 정확히 기억할 수가 없다. 그녀의 편지를 제외하곤 그 당시의 어떤 자료도 보관하고 있지 않아 유감이다. 수첩을 비롯해서 일기장, 비망록, 기타 문자로 고정된 나 자신의 기록을 깡그리 소각해버렸기 때문이다. 아마 그 전해(1961년) 연말에 내가 그녀에게 우편엽서를 보내지 않았나 싶다. 위의 편지를 받기까지는 우린 이따금 만나긴 했으나 우리의 관계는 피상적인 선에 머물러 있었다. 즉 '옆집 사람처럼' 사귀는 정도를 넘어서지 못했던 것이다. 그러니까 우리가 최초로 만난 이후 거의 2년이란 세월이 지난 뒤에 비로소 참다운 '만남'이 비롯되지 않았나 싶다. 내가 그녀를 처음 만난 것이 1960년인지 61년인지도 얼른 기억해낼 수 없을 정도로 그 시기의 그녀에 대해선 거의 기억나는 일이 없는 것도 그 때문이다.

내가 그녀의 편지를 받고 어떤 답을 써보냈는지는 한 줄도 기억할 수 없으나 어쨌든 그녀의 편지가 내 정신에 일대 점화點火 작용을 했음은 의심의 여지가 없다. 이때부터 우리는 서로 편지를 쓰기 시작했으며 그건 우리의 만남과는 상관없이 진행되었다. 우리는 다음날 만날 약속을 하고도 편지를 띄웠으며 어떤 의미론 마주 대하고 나누는 대화에서보다 편지 속에서 더욱 깊은 공감과 강렬한 기쁨을 맛보았다고 할 수 있을 것 같다. 우리의 편지는 상대방의 편지에 대한 회답인 경우는 거의 없었고 (그도 그럴 것이 대개는 자신의 독백을 상대방에게 전달했을 뿐이니까) 다만 간헐적으로 혹은 느닷없이 어떤 땐 다만 시 한 줄, 혹은 그림 한 장만 보내는 수도 있었다. 특히나 우리가 아주 드물게 만나고 있던 시기엔 나는 편지를 전혀 쓰지 않았고 이따금 그녀에게선 어떤 시구나 판화, 또는 잡지에서 오려 붙인 그림이나 사진이 아무런 주석도 없이 불쑥 날아오곤 했는데, 우리가 그렇게 오랫동안 만나지 않고 있었음에도 그녀가 보낸 설명 없는 그림이나 단 한 줄의 시구만으로도 나는 그녀의 심경, 그녀가 처한 상황을 완전히 이해했고 그녀가 내게 그걸 보낸 의미를 알았으며, 또한 그녀가 내게 하고 싶은 말을 느꼈고 어떤 긴 편지보다도 절실하게 그녀의 외침이 내 가슴에 와닿았던 걸 기억하고 있다.

    그녀는 나를 만나는 날 직접 편지를 준 적도 있었다. 다음은 어느 날 연구실로 나를 찾아와 직접 건네준 그녀의 편지이다. 그녀는 성균관대학교 강의에서 곧장 오는 길이었다.

극단적인 피곤 그리고 무슨 일이나 사고에도 비정상적일 만큼 자기를 갖다 붓는 전적인 태도…… 그리고 자기의 영혼이 투영하는 넓이보다 réalité는 끔찍하게 조그마한 그 모순…… 이런 데 우리의 신체적 피곤이 깃들이고 있는 것 같다.

외계의 온갖 빛이나 냄새, 형상이 모두 피부에 아플 만큼 강하게 느껴지고 단절된 흰 방에서 푹 휴식하고 싶은 욕망밖에는 없다. 근본적으로 보아 인간의 영혼의 복잡성, problematik의 다양성은 그가 single이건 couple이건과는 무관한 것인데 그걸 세인들은 곧잘 잊는다.

식食과 의衣에 있어서의 우리의 조잡과 무관심은 마음이나 사고의 자잘한 주름, nuance, 깊이와 정비례하는지도 몰라. 하여간 그게 maladie(병-저자)의 일종임은 틀림없지만…….

Baudelaire의 〈la mort des amants〉(〈연인끼리의 죽음〉이란 보들레르의 시를 말함-저자)에 나오는 sofa 같은 넓고 깊고 흰 포장한 불길한 sofa들이 잔뜩 놓여 있는(les divans profonds comme les tombeaux……: '무덤마냥 깊숙한 긴 의자들……'이란 뜻-저자) 대

합실 같은 성대 교무실에 주저앉아서 그 학교의 시험지에 지금 힘없는 펜을 움직이고 있어.

음식을 취한다는 필연이 몹시 거추장스럽게 무겁게 느껴질 때가 나의 피곤의 climax를 표시하는 barometer로 늘 되어 있어. 덕희에게 있어서도 그렇지? 그것을 며칠 겨우 계속하면 쓰러지게 되어 며칠 누워서 허공을 흘기다가 다시 재기再起—일의 산. duties…… 그리고는 또 불식不食 또 catastrophe…… 악순환.

아무하고도 얘기할 수 없는 사람에게 '편지'라는 기관이라도 없었다면 정말 큰일났을 거야. katharsis의 방법이 두절된 장소에선 생각할수록 살고 싶지 않아. (감옥, 무인도, 달나라 등)

그럼 시간이 가까워오니 이만 펜을 놓습니다.

Bonjour, Chére Denise! (혜린이 저자에게 붙여준 여러 이름 중의 하나-저자)

1962년 3월 29일

Lena로부터

(레나는 그녀의 세례명 막달레나의 애칭임-저자)

이즈음 나는 오전엔 법률서적을 전문으로 취급하는 어떤 출판사에서 일을 하고 오후엔 연구실로 돌아오곤 했는데, 혜린이 강의가 있는 날이면 으레 학교에서 만났고 대개는 함께 명동으로 나가는 게 버릇이었다. 그 당시엔 내가 사용하던 연구실이 이전의 학장실 건너편 방에서 신축된 연구실 건물로 옮겨와 있었다. 그리고 같은 건물 속에 혜린의 남편이었던 K 교수(그녀보다 1년쯤 뒤에 귀국했던 걸로 안다)의 방도 있었던지라 강의가 있는 날이면 혜린은 가끔 어린 딸 엘리자(당시 4세)를 학교로 데리고 와 강의 동안 아빠 방에 놔두든가 어떤 땐 내가 데리고 있다 강의가 끝나면 함께 옥상에 있는 휴게실에서 차를 마시고 나서 꼬마까지를 데리고 명동으로 진출하곤 했다. 명동이라면 대개 외서점을 둘러보고는 은성이란 대폿집으로 가는 게 정해진 코스였다. 우리가 가는 시각은 대체로 5시 전후였기 때문에 술집 안은 보통 손님이 거의 없었지만 작가 이봉구 씨만은 흡사 그 집의 비품인 양 언제나 카운터 앞 지정석에 앉아 대개는 혼자 술을 마시고 있다 우리가 들어서면 환영의 소리를 내지르곤 했다. 이봉구 씨가 혜린을 아끼고 찬양하는 마음은 각별한 것이었다. 그녀는 대학시절부터 명동에서 이봉구 씨와 자주 술을 마셨고 그 당시 연합신문사의 문화부장으로 있던 이봉구 씨의 손을 거쳐 대학생 혜린의 글이 신문에 처음으로 발표되기도 했다. 그녀가 죽기 전날 우리가 은성에 갔을 때도 이봉구 씨를 만났다. 그녀의 사후 특집을 꾸민 여성지 《여상》에 발표한, 그녀의 죽음을 애도하는 글에서 이봉구 씨는 혜린을 이렇게 추억했다.

> 세상을 떠나던 날 밤도 그는 나를 술집으로 찾아와 술잔을 들고 이야기의 꽃을 피웠다. 그날 밤 술자리가 영결의 자리일 줄이야 그 누가 알았으랴.
> 혜린을 처음 안 것은 10년 전 그가 대학을 다니던 때 신문사로 나를 찾아와 인사를 나눈 것이 첫 대면이었다. 그 후부터 오늘에 이르기까지 아니 그가 세상을 떠나던 날까지 나를 찾았고 나와 더불어 술잔을 나누며 떠들었다. 그 옛날 모나리자다방으로 돌체다방으로 혜린은 나를 찾아 나왔고 나를 따라 대폿집에서 술을 마시고 그 큰 눈동자를 굴려가며 이야기를 쉴새 없이 계속하였다. 무심코 나오는 말 한마디에도 날카로운 센스가 빛났고 그의 말은 하나의 음악이요 한 편의 시였다.

은성은 지금은 없어졌지만, 50년대와 60년대만 하더라도 명동의 명물 가운데 하나였을 만큼 가난한 예술가들의 단골술집으로 이름나 있었다. 그 옛날 이상李箱이 살아 있을 때 청진동 골목 어귀(물론 그땐 은성이 생기기 전이었다)에 '제비'라는 다방을 열고 있어

문인들이 많이 모여들었다는데, 은성을 중심으로 한 그 주변도 예술가들이 제집처럼 드나들던 다방과 술집이 많았지만 아마 지금은 모두 없어지지 않았나 싶다. 젊었을 때 낭만을 구가하던 현재의 50대와 60대라면 당시의 명동과 그곳을 채우고 있던 분위기에 대해 일말의 향수를 느낄 사람이 많을 것이다. 돌체, 동방살롱, 모나리자, 은성, 갈채, 엠프레쓰 등등…… 정다운 이름은 거의 명동에서 자취를 감춘 지 오래다.

서른한 살에 요절한 모더니스트의 기수인 시인 박인환이 죽기 얼마 전 취흥에 겨워 즉흥 작사를 하고 이진섭 씨가 이를 또한 즉흥적으로 작곡해서 나애심(후엔 테너 임만섭)이 그 자리서 노래부른 '명동상송'(《세월이 가면》)이 탄생한 곳도 바로 명동의 동방살롱 앞 싸구려 빈대떡집이었다. 어느 땐가 은성에서 술을 마시면서 고故 박인환 씨 얘기를 하다 혜린은 이 노래를 흥얼거리기도 했다.

> 지금 그 사람 이름은 잊었지만
> 그의 눈동자 입술은
> 내 가슴에 있어—

당시 은성에서 자주 눈에 띈 얼굴 중엔 '명동백작'이란 닉네임을 가진 이봉구 씨 외에도 테너 임만섭 씨, 극작가 이봉래 씨, 옛날 《매일신보》 학예부 기자를 지낸 수필가 이명온 여사 등도 있었던 걸로 기억한다.

어느 날 밤 은성의 구석자리에서 밤늦도록 술을 마시다 그녀는 갑자기 울음을 터뜨린 일이 있었다. 은성에선 대개 우리 이외에 한두 사람 합석해서 어울리게 되는 적이 많았는데, 그날은 우리 둘만 오붓하게 방해받지 않고 오랫동안 이야기를 나눌 수 있었다. 무슨 얘기 끝에인가 갑자기 그녀가 울음을 터뜨렸던 것이다. 나는 깜짝 놀랐다. 그녀가 내 앞에서 울음을 터뜨리게 되리라곤 도저히 상상도 할 수 없었기 때문이다. 이런 일은 그 이전에도 이후에도 절대로 한 번도 없었다. 아마 그날은 술이 지나쳤는지도 모른다. 취기로 인해 평소 때 이를 악물고 쓰고 있던 쾌활의 가면(고독과 우수를 은폐하는)을 더 이상 지탱할 수가 없었는지도 모른다. 의식의 팽팽한 긴장에 의해 평소 땐 잘 통제되고 있던 온갖 '인간적인' 약함, 슬픔, 외로움이 알코올의 힘을 빌려 의식의 두꺼운 벽을 뚫고 표면에 떠올라왔던 것이리라. 그녀는 더 이상 저항할 수가 없었던 것이다……. 나는 이 모든 것을 너무나 속속들이 이해할 수 있었다. 이 점에 관한 한 우리는 완전한 암묵의 동맹자였기 때문이다. "나는 야누스와 같은 두 개의 가면을 지닌다. 한쪽은 웃고 한쪽은 우는—

그리하여 사람들 앞에 나설 땐 나는 재빨리 쾌활의 가면을 얼굴에 덮는다"고 한 키르케고르의 고백을 우리는 암암리에 공유하고 있었으니까. 그래서 나는 그녀의 울음에 충격을 받았고 어찌할 바를 몰랐다. 나는 다른 사람을 위로하는 일엔 그렇게도 서툴렀기 때문이다. 나는 속으로 그러한 자신을 저주했다.

어쨌든 나는 서둘러 일어나 그녀와 함께 은성을 나와 택시를 잡았다. 은성에서 남학동에 있는 그녀의 집(그녀는 당시 아직 친정에서 함께 살고 있었다)까지는 택시로 10분 내에 갈 수 있는 거리였다. 우리는 아무 말도 안 했다. 차가 흔들거리면서 남학동을 향해 헐떡이며 오르막길을 올라갈 때 나는 내 몸에 실려오는 그녀의 중량을 느꼈고 내 마음에 전달되는 그녀의 슬픔을 느꼈다. 나는 갑자기 그녀가 의지할 데 없는 무력한 어린애처럼 느껴져서 형언할 수 없는 감정이 되었던 걸 기억한다. 그녀가 내 앞에서 울음을 터뜨렸다는 사실에 나는 감동했고 슬픔과 뒤섞인 뭔가 따스하고 아늑한 감정 같은 것이 목구멍까지 꽉 차올라왔던 것이다. 그녀를 안 이후 그러한 신비스런 감정을 느꼈던 건 그 이전에도 그 이후에도 정녕코 없었던 일이기에 오늘날까지도 나는 그날 밤 일을 생생히 기억할 수 있는 것이다. 침묵 속에서 지속된 따스한 교감, 형언할 수 없는 슬픔, 구제할 길 없는 고독, 우리 곁을 쏜살같이 스쳐 달아나던 삶…….

해면海綿 같은 층이 나와 외부 사이를 막고 있어서 모든 생기 (생에의 흥미 일체)를 빨아들여서 나를 일종 기묘한 절연상태에 빠뜨려놓고 있다. 여드름과 지방에 번들거리는 도미에(프랑스 태생의 19세기의 가장 위대한 풍자화가-저자)의 희화戲畵와도 같은 교실―학생녀석과의 *adieu*에 뒤따른 공백인지도 모른다. 그들이 준 생기조차도 인제는 흡수, 마비되어버리고 난 뒤니…… 아무튼 커튼을 두꺼운 '부르도'라는 감으로 만들어 뺑 둘러놓고 바다와 똑같은 빛의 헝겊으로 된 이불을 뒤덮고 망연히 앉아서 커다란 소라(남대문 시장에서 산 것)를 귀에 대고 그 이상한 울음소리를 듣고 앉아 있다. 창작을 하기에뿐 아니라 산다는 것 자체에 얼마나 고독이 필요한 것인가를 깨닫고 있다. 사람으로부터 고독을 막는다는 의미에서 온갖 직업은 가질 만하지가 않는 것인지도 몰라. 불모不毛의 무상無償의 고독이라도 그걸 지키고 무언으로 아무 대화도 없는 나날을 되씹고 싶다. 그것만이 자기 모독에서 가장 보호해줄 수 있는 방법인 것 같다.

우리는 해변가에서 만난 두 개의 꽃―검고 기묘한 개성의 꽃이파리들이었다. 응결한 검은빛은 관념의 환희만을 아는 성소녀聖少女들의 대화를 늙은 사회인들의 감시하에 해야 했다. 피곤. 언제나 지켜지고 있는 불쾌. 그리고 한 꽃잎은 밤의 꽃잎이었어. 또 한 꽃잎은 낮의, 대낮의(고흐의 해바라기를 내려쪼인 노란 프로방스의 태양의) 꽃이었고―밤의 꽃은 너무 많은 밝음을 감당 못했어. 지치고 쓰러지고 내부를 밝게 비추어 받고 수도원과 사나토리움을 그리워하게 됐어.
내가 너를 견딜 수 있는 날, 나는 대낮의 흰 길을 너를 만나러 달려갈 거야. 수선화를 양팔에 가득 안고!

이 편지에서도 알 수 있는 것처럼 우리들의 관계는 순전히 관념적인 토대 위에 구축된 것이었다. 어떤 의미로 우리는 '정신'으로만 만났다. 따라서 우리의 화제는 당연히 관념적인 것에 치중될 수밖에 없었고 그 결과 서로의 일상생활에 대해선 거의 무지에 가까웠다 해도 과언이 아니다. 일반적으로 사람들이 생활이라고 부르고 있는 것―가족관계, 살림살이, 기타 온갖 잡다한 '생활적'인 화제는 우리가 애써 피했거나 감춘 게 아니라 도대체 그런 주제가 끼어들 겨를이 없었던 것이다.
우리는 성격이나 기질은 거의 정반대에 가까웠으나 사물과 인간에 대한 사고방식, 인생관 및 지적 욕구의 대상은 거의 완전히 일치했다. 성격이 정반대였기 때문에 흔히 같은 성격 사이에서 일어날 수 있는 충돌이 전혀 없었다. 나는 그녀와 사귀는 동안 한 번도 다투어본 기억이 없다. 한두 번 의견 대립이 있었지만 그것도 내 쪽에서 일방적으로 신경질을 부린 게 고작이었다. 나는 그녀가 누구와 큰 소리로 다투고 화를 터뜨리는 걸 본 적이 없다. 그녀는 누구에게나 친절하고 다정다감하며 관대했다. 그녀는 남 앞에서 결코 심한 소리를 하지 못했다. 자신이 참을 수 없이 싫어하는 사람에게조차도. 그렇듯 철저히 비타협적인 정신, 온갖 즉자적인 존재를 참지 못하는 날카로운 의식에 대한 이 얼마나 모순된 태도랴. 바로 그러한 모순 때문에 본인은 뼈를 저미는 내적 갈등과 치열한 의식의 투쟁을 겪어야 했다는 것을 아마도 사후에 간행된 그녀의 일기가 아니었던들 대부분의 사람들은 알지 못했을 것이다.

그녀도 역시 외로웠던 것이다.

아니 이렇게 말하는 건 정당하지 못하다. 누구보다도 그녀는 외로웠다. 그리고 그녀 역시 이 외로움에 저항할 수 없는 때가 너무도 자주 있었다. "고독에의 성향은 정신의 징후이며 정신을 재는 척도"라고 한 키르케고르의 말처럼, 비범한 정신일수록 고독에의 성향이 두드러진 것은 사실이지만, 고독에의 강한 욕구를 지닌 인간일수록 자기를 이해해줄 진정한 한 사람의 마음을 갈망하는 법이다. "가끔 몹시도 피곤할 때면 기대서 울고 위로받을 한 사람이 갖고 싶어진다. 나는 생후 한 번도 위안자를 갖지 못했다"라는 그녀의 일기의 구절을 읽으면서 나는 어째서 생전에 그녀의 인간적인 약함, 여성적인 갈구에 대해 그리도 소홀했던가를 새삼 깨닫고 회한의 마음을 누를 길이 없어진다. 언제나 그녀의 이성적인 면, 강함, 용기, 탁월함 같은 것만을 너무 지나치게 요구했던 자신에 대한 회한—내가 그녀를 얼마나 피곤하게 만들었으며 얼마나 긴장을 강요했던 것일까?

> 나도 마르그렛(루이제 린저의 《생의 한가운데》에 나오는 인물—저자)처럼 말해야겠다. 덕희에게는 무서운 '불편한' 힘이 있다고…… 남을 거북하게 만들고 남 속에 있는 '離'를 의식시키는 요소가 있어. 그리고 무엇보다도 남을 어떤 결단으로 몰아넣는 힘이 있어. 그리고 그 결단을 해야 하는 줄 알면서도 못하고 있을 때 자기 자신이 미워지고 따라서 덕희가 두려워지게 되는…… 만나기가…….
> 아무튼 우리가 자연스럽게 그 속에서 호흡하던 거짓을 밝혀내고 더 이상 그걸 견디지 못하게 만드는 '직접성'이 덕희의 무서

운 점이다.

덕희를 알고 나면 너무도 상쾌하고 차고 맑고 순수한 바람과 공기의 강렬함에 압도당하고 다시는 훈기 있는 방 안의 끈끈한 밀도와는 친해질 수 없어지고 말고 아무것(여태까지 친했던)에서도 권태와 구토만을 느끼게 되고 몰랐던 거리감을 의식하게 된다. 불편한 존재야 너는……

그래서 '그'도 너를 두려워하고 미워하면서 강하게 끌리고 있을 거야. 동성의 경우와는 또 틀릴 거니까……

금빛 오후다. 바람도 하늘도 다 쏟아지는 것 같은 황금빛이야. 흰 마가렛꽃이 가득 핀 들판에라도 달리고 싶은 날씨…….

혜린이 살고 간 세월보다 10년 이상이나 훌쩍 더 살아버린 지금 나는 그녀가 살아 있었을 때보다 훨씬 잘 그녀를 이해할 수 있을 것 같은 생각이 든다—라기보다 그녀 속에서—그리고 동시에 나의 속에서—외면하고 싶고 부정하고 싶었던 온갖 인간적 약함을 유감없이 너그러운 마음으로 긍정하고 용납할 수 있을 것 같은 생각이 드는 것이다. 그것이 현명인지 타협인지 확실히 알 수는 없지만…….

항용 우리는 자신이 열중하는 대상 속에서 스스로 보고자 하는 것을 보는 법이다. 그리고 자신이 보고 싶지 않은 면을 그러한 대상 속에서 발견할 때면 애써 그걸 부정하려는 경향이 우리에겐 있는 것 같다. 나 역시 그랬다. 나는 너무도 젊었고 너무도 순수했기에 나 자신에게도 타인에게도 지나치게 요구가 많았고 용서가 없었던 것이다. 나는 스스로도 의식하지 못하면서 그녀로 하여금 의식이 팽팽히 긴장해 있도록 강요했음에 틀림없다. 그리하여 이 긴장을 더 이상 지탱할 수 없게 될 때 그녀의 정신은 휴식을 원하고 그렇게 해서 우리의 만남에는 한동안의 공백기가 오곤 했다. 이러한 현상은 우리가 사귀는 동안 주기적으로 일어났다. 그러나 설사 제가끔 동떨어진 질서 속에서 서로 만나지 않고 지낸다 할지라도 그것이 곧 '단절'을 의미하는 것은 아니었다. 서신이란 신묘한 끈이 우리의 교감을 지속시켜주었으니까.

　나는 그녀로부터 너무나 많은 것을 요구했고 너무나 높은 것을 기대했다. 또 실상 나는 내가 원하던 바를 이루었으며 기대했던 바를 충족시켰다 할 수 있으니, 젊은 한때 나의 정신이 그녀에게 힘입은 바가 얼마나 컸던가? 우리는 함께 있으면 피로와 권태를 잊었다. 어떤 의미로 우리는 각자가 서로에게 긴장을 강요하는 의식의 파수꾼 노릇을 했는지도 모른다. 그리고 나에겐 실제의 나보다 훨씬 더 '강하고 생기있게' 보아주는 그녀의 '이상주의적인 조명照明'이 필요했는지도 모른다.

> 너의 적赤금발(내 기억에는 언제나 그렇다)과 *les yeux d'or*(금빛 눈-저자)가 문득문득 보고 싶어진다. *Lou*(루 안드레아스 살로메를 말함-저자)와 꼭같은 날카로운 지성을 담은 콧날과 굳은 의지를 담은 입술과 함께…… 그러나 너의 매력의 집대성集大成은 너의 아무것에도 얽매일 수 없는 자유에의 욕망, 충동(독일어로 *Drang*이라는 게 꼭 맞는다. 이때는)……*Freitsbewußtsein*(또 독일어! 하고 이마를 찌푸리지 마…… 불어로 *conscience de la liberté*니 뭐니 해가지고야 어디 기분이 나야지?!) 이 속에 있는 것 같다. 내가 보기에는.

이렇게 나의 존재는 그녀의 이상주의적인 조명을 받아 내게 재발견되고 재확인되었으며 그 결과 그러한 척도에 어긋나지 않도록 하기 위해, 즉 그녀를 실망시키지 않기 위해 나는 끊임없이 노력하지 않으면 안 되었으니, 결국 그녀와의 우정을 통해 나는 간단없이 '보다 높은' 수준으로 상승할 수 있었던 것이다. 우리가 암암리에 설정한 공동의 목표('정신과 목표를 별 속에 지시하고')를 향해 언제나 날아오르려는 자세를 우리는 한시도 버릴 수가 없었을 정도로 서로에게 자극제 역할을 했고 서로를 감시했다고 할 수 있을 것 같다. 그리고 우리가 삶에서 대상과의 교제를 통해서 그같은 체험을 할 수 있는 기회는 흔치 않다. 또한 그러한 체험을 교환할 수 있는 대상도 너무나 희귀하다. 내가 혜린과의 '만남'을 선사해준 이 삶에 대해 이따금 무한한 감사의 마음을 느끼는 것도 바로 그 때문이다.

위에 인용한 편지에서 언급된 루에 관련해서 생각나는 일이 있다.

어느 해 크리스마스 때 그녀는 루의 크게 확대한 사진을 검은 테두리를 한 액자에 넣어 내게 선물한 적이 있었다. 우리가 연구실에서 만나 함께 명동으로 나오던 어느 날 오후, 그녀는 지금은 없어진 동화백화점(현 미도파 자리)의 아래층 사진부에다 루의 사진 확대를 맡겨놓았다면서 함께 찾으러 가자고 했다. 그리고 사진을 찾아선 다시 2층인가 3층에를 올라가서 검은 테두리에 가느다란 흰 줄이 섞인 액자를 골라선 거기다 사진을 넣어 그 자리에서 내게 건네주었던 것이다.

그런데 이 루의 사진 입수 경위가 걸작이었다. 독일 유학시절 그녀가 도서관에서 루의 전기를 빌려 보다 사진을 하도 갖고 싶어 어느 날 눈치를 봐가며 면도날로 살짝 안표지에 있는 사진을 도려

내어 '슬쩍' 했다는 것이었다. 그런 뒤 며칠 동안은 도서관에 가서도 '도둑이 제 발이 저리다'고 뒤에 발자국 소리만 나도 자기를 문책하러 오는가 해서 가슴이 철렁했다고. 우리는 이 얘기를 하면서 너무나 유쾌해서 대로 한가운데서 큰 소리로 계속 웃어댔던 걸 기억한다. 그래서 지나가던 사람들이 미친 여자들인 줄 알고 흘끗흘끗 돌아보던 광경도 눈에 선하다. (그 후 수년 뒤 나도 똑같은 범죄(?)를 저지르는 기쁨을 맛보았다. 어떤 신문사 도서관에서 빌려 읽은 《세계 발레 약사》(원서) 속에서 바슬라브 니진스키가 〈지젤〉에서 춤추는 사진에 넋이 빠져 여러 번 망설인 끝에 그만 면도날로 그 부분을 도려내었던 것이다. 그러나 결국 후에 번역 출판한 니진스키의 《일기》 속에 그 사진을 소개함으로써 많은 독자들에게 기쁨을 줄 수 있었으니 그때의 비행에 대한 충분한 보상을 하지 않았을까?)

　루 안드레아스 살로메라면 지금은 한국 독자들에게도 꽤 알려졌고 한때는 그녀의 전기가 베스트셀러가 된 적도 있었을 만큼 어느 면으론 통속화된 경향도 있으나(그녀의 진면목에 대한 이해는 차치且置하고) 60년대 초반까지만 해도 그 이름조차 한국 독자들에겐 알려지지 않았을 때였다. 나 자신으로 말하더라도 니체의 저서 《이 사람을 보라》와 주석서註釋書에서 그녀에 대해 언급된 걸 읽은 게 고작이었다. 그러므로 내가 루의 진면목을 참으로 이해하게 된 것은 애초에 혜린을 통해서였다. 독일어엔 반 장님인 내게 루에 관한 독일어 저서의 일부를 번역해 읽어주고 니체가 루에 대해 언급한, 오버벡크 부인에게 보낸 편지를 번역해서 편지 속에 동봉해준 것도 바로 그녀였다.

사람들은 루를 일러 유년기부터의 '인식의 순교자'라고 니체에게 소개했고 니체 자신도 그녀를 자기가 만난 사람 중 제1급에 속하는 인간이라고 격찬했다. "그녀의 의지의 에네르기와 정신의 독창성을 생각해볼 때 그녀에게는 위대함에의 소질이 있습니다"라고 니체는 오버벡크 부인에게 보내는 편지에 썼다. 루와의 교제를 니체는 "뒷날 그것을 통해서 그가《차라투스트라는 이렇게 말했다》를 쓰도록 성숙할 수 있었던 믿을 수 없는 행복"이었다고 고백했으며 그녀가 그와 정신적 결합을 하지 않은 데서 온 실망을 "일생 중 가장 컸던 실망"이라고 한탄했던 것이다. 니체뿐만 아니라 릴케, 프로이트를 비롯해서 수많은 구라파 최고의 지성들에게 영감을 주었고 지대한 영향을 미쳤던 이 비범한 '예지의 여성'에게 그녀가 경도傾倒하고 있었음은 너무나 당연한 일이었고 나 또한 그녀와 공감을 나누어 가졌음은 물론이다.

연전에 내가 니체의 영문판 '최후의 고백'《나의 누이와 나My

sister and I》(정신병원에서 집필한)를 번역했을 때 페이지를 가득 채우고 있는 니체의 루에 대한 갈망과 한탄을 우리말로 옮기면서 나는 얼마나 혜린, 그녀에 대한 생각을 했는지 모른다. 우리 둘에게 그다지도 중요한 인물이었던 니체와 루의 얘기를 우리말로 옮긴 내 역서를 그녀가 읽을 수 있다면 얼마나 좋을까 하고. 참으로 니체와 루에 관한 한 나는 그녀를 제외하곤 진정한 공감과 기쁨을 갖고 얘기를 나눌 수 있는 사람이 단 한 사람도 없기 때문이다. 내가 그녀의 부재를 절감하고 대화의 아쉬움을 누를 길 없을 때가 바로 이런 때이다. "여자란 최량의 경우에도 한 마리 암소에 불과하다"고 한 니체로 하여금 "저기에 한줌의 인식이 걸어온다"라고 말하게 했던 여성—우리는 니체의 이 말을 얼마나 자주 함께 되뇌었던가. "나는 이 정신병원을 뛰쳐나가 루와 더불어 통 속에서 살련다!"고 절규한 니체 최후의 고백을 그녀가 읽게 된다면(그녀는 니체의 유저 《나의 누이와 나》의 존재를 몰랐었다) 얼마나 놀랄 것인가? 20년 전 내가 루의 전기를 읽고 싶어 애타게도 그녀의 번역을 기대했지만 도대체 그런 책을 간행하겠다는 출판사가 있을 것 같지도 않아 실망했던 걸 생각하면 흥미 위주의 루의 전기가 최근에 베스트셀러가 된 사실에 쓰디쓴 아이러니를 느끼게 된다.

　　아무튼 지금은 서점가에서 루의 간판사진으로 나돌고 있는 바로 그 사진, 독자들에게 무척 친숙하게 된 그 흔한 사진—다름아닌 그것이 우리가 20년 전 독일서 훔쳐온 원본으로 복사, 확대해서 하나씩 가졌던(혜린의 것은 벽 전면을 덮을 정도로 확대한 대형이었다), 그리고 젊은 한때 내가 보물처럼 애지중지했던 바로 그 사진이다. 수년 동안 나는 그 사진을 벽에 걸어두었었는데 어느 날 외출에서 돌아와보니 어쩐 셈인지 액자가 땅바닥에 저절로 떨어져 산산조각이 나 있었다.

이 노란 색(편지지 색깔을 말함-저자)은 단지 내가 이 색을 좋아하는 탓이야. 흰 색의 강렬한 반사보다.
Céline(나의 세례명-저자)도 '배추꽃색'이 좋다고 했었지?
내가 구제를 받는다면 그것은 Céine에 의해서뿐일 것이야.
C'est toi, qui m'aideras!('날 도와줄 사람은 바로 너야'란 뜻-저자)
Oui, c'est toi. C'est toi.
3일의 파티(서울대 교수회관에서 있었던 칵테일 파티를 말함-저자)는 나에게는 Céine을 위한 파티였어.
Tu es belle, si belle.('너는 아름다워, 너무도 아름다워'란 뜻-저자)
그 모자와 그 얼굴빛, 붉게 눈에 반영하는 그 승리에 넘친

Nina(린저의 《생의 한가운데》의 주인공-저자)의 얼굴빛, 그 눈, 그 속눈썹(말려 들어갈 것 같은) 그리고 그 긴 머리…… 얼마나 얼마나 그리워했는지 몰라. 그리고 그리웠어.
Je t'adore.('나는 너를 사랑해'란 뜻-저자)
이런 편지를 얼마나 쓰고는 찢었을까?
이 편지도 찢길 것이야 아마…… 밤에, 그리고 *boire*('음주'란 뜻-저자)한 날 밤의 나의 모든 편지와도 같이!

'63년 2월 5일 헤린
(헤린은 자신의 이름을 한글로 쓸 땐 절대로 혜린이라 쓰지 않고 '헤린'이라고 썼으며 내 이름도 '덕히'라고 표기하기를 좋아했다.)

위의 편지를 받은 뒤로 우리 사이엔 교신이 중단되었다. 아니 엄밀히 말하면 이것이 그녀에게서 받은 마지막 편지였다고도 할 수 있다. 편지에 쓴 것처럼 그녀가 이 편지를 찢어버리지 않고 내가 받을 수 있었던 것은 일종의 행운이었다.

당시 나는 도저히 편지를 쓸 수 없는 상황이었고 이후부터 그녀에게서도 어쩌다 짤막한 시구나 암시에 찬 경구, 절규 같은 두어 줄의 독백 혹은 판화나 잡지에서 오려낸 사진 따위가 아무런 설명도 없이 불쑥불쑥 날아오는 게 고작이었다. 우리는 둘 다 자신의 문제에 너무나 정신이 없었던 것이다.

그 대신 우리는 이전보다 오히려 자주 만났다. 그때 나는 이미 학교를 떠나 경향신문사(문화부)에서 일하고 있었고 그녀는 이대와 성대에 출강하고 있었다. 당시엔 경향신문사가 미도파 뒤편의 소공동에 있었으므로 은성은 바로 길 하나만 건너면 갈 수 있었다. 그녀는 학교가 끝나 집으로 돌아가기는 어중간한 시각에(그때 그녀는 남학동에서 떠나 수유리에서 살고 있었다) 신문사로 자주 날 찾아오곤 했다. 그녀가 오는 시각이면 대체로 마감이 끝난 때라 아래층 수위실에서 그녀가 전화를 하면 나는 만사 제쳐놓고 날개가 달린 듯이 달려내려가 우리는 곧장 은성으로 가곤 했다. 그녀가 나타나는 날이면 핸드백만 책상 위에 놔둔 채 퇴근시간이 지나도록 내가 귀사하지 않아도 모두들 당연한 것처럼 너그럽게 봐주었던 걸 기억한다.

나는 그녀가 그 당시 몹시 괴로워하고 있음을 알고 있었다. 어떤 땐 "문을 걸고 들어앉아서 하루 종일 혼자서 술을 마신다"고 고백했을 정도니까. 나 역시 나의 '문제'를 갖고 있었다. 그러나 우리는 애써 그걸 화제삼지 않으려 했고 되도록 함께 있는 시간을 즐겼다. 왜냐하면 우리는 서로가 각자의 고독의 중량을 알고 있었고

'자기만의 괴로움'은 결코 공유할 수 없다는 걸 알고 있었기 때문이다. 나도 그녀도 우리가 함께 있을 땐 결코 시무룩하거나 슬프거나 지친 표정을 서로의 얼굴에서 발견한 적이 없었다.

우리가 함께 있을 땐 비록 잠시나마 '살과 피와 고뇌로 무거워진' 육신의 감옥에서 벗어나 흡사 에테르인 양 가볍게 별의 세계에까지 날아오를 수 있었고 온갖 허위와 기만에 가득 찬 세속의 공기에 오염되지 않은 우리만의 피풍지대에서 관념의 유희를 즐길 수 있었다. 비록 잠시 뒤엔 각자가 자신의 고독의 중량을 짊어진 채 숨막히는 일상성 속으로 돌아가야 한다는 걸 알고 있었을지라도……

이러한 의미에서 혜린은 나에겐 '유일한' 존재였다. 물론 모든 '만남'은 다 일회적인 것이고 어떤 '만남'의 대상도 다 유일한 존재이긴 하지만. 그러나 나는 그녀를 대신할 어떤 대상도 다시는 발견하지 못했다. 우리가 함께 누린 시간, 우리가 함께 나눈 대화, 우리가 공유한 세계는 진실로 일회적인 것이고 유일한 것이었음을 세월이 갈수록 더욱 절감하게 된다. 비록 그녀는 이 지상을 떠났지만 우리가 함께 누린 시간에 대한 추억은 세월의 침식에 의해 조금도 손상되지 않은 채 오롯이 보존되고 있음을.

일찍이 우리의 이야기를 그녀는 다음과 같은 시로써 밝혀놓고 갔다.

피와 본능과 뜨거운 생식을
우리는 심각하게 검은 모성에 맡기자
그리고 무리들의 혼돈한 탄생 앞에
다만 외경畏敬의 마음을 안고 머리 숙이자.

그들은 어둠 속에 얽힌 뿌리
그러나 우리는 밝음 속으로 올라가련다.

정신과 목표를 별 속에 지시하고
저 습기 있는 심층을 두렵게 증오하자.

전투 속에서 나는 다만 한 전우를 발견한다.
희귀한 친구, 노력 속의 다정한 지주支柱를.
그리고 너는 그를 너의 곁에 행복히 느낀다.

이 고통의 생生이 나에게 무엇이랴

이제 내가 고독하게 너의 안내 없이

계획과 광기와 의욕을 짜내어야 한다면!

(어느 날 그녀가 내게 보낸 막스 르네 헤세의 시)

《니진스키-영혼의 절규》

역자해설 중에서

IV

,

니진스키의 생애를 훑어보노라면 마치 북구의 신화에 나오는 '우수憂愁부인'의 저주라도 받은 것처럼 그의 주변엔 항상 불운의 그림자가 따라다닌 것 같은 인상을 받게 된다. 흡사 노예의 발목에 족쇄로 채워진 무거운 쇠사슬과도 같이 모진 고뇌와 비애가 한평생 숙명처럼 그를 질질 끌고 다니며 놓아주지 않았다고나 할까. "나는 어린아이였을 때 모든 것을 이해했다. 그리고 내 영혼 깊은 곳에서 울고 있었다."라고 일기 속에서 고백하고 있듯이, 일찍부터 본능적으로 인생의 비참과 불행을 이해하고 있던 그의 영혼은 한

평생 소리 없이 울고 있었다고 할 수 있다.

바슬라프가 아직 갓난애였을 때 두 살 반 된 형 스타시크가 모스크바의 3층 아파트에서 추락하는 사고를 당했는데, 그 후유증으로 그는 후에 정신질환을 앓게 되고 끝내는 정신병원에서 생을 마감했다. 바슬라프는 두려움 때문에 처음엔 가족들이 형을 면회하러 갈 때 동행하지 않았으나 나중엔 정신병원으로 형을 만나러 갔지만, 이때의 경험은 잠재의식 속에서 일생 동안 그를 지배했던 것 같다.

바슬라프는 몹시 섬세하고 민감한 아이였으며 어머니에 대한 애착이 유난히 강했는데, 아버지가 다른 여자에게 빠져 어머니에게 소홀해진 것을 알고부터 이 같은 애착은 한층 더 강렬해졌다. 그가 여덟 살 무렵이었는데, 이때 그는 어머니에 대한 애정과 아버지에 대한 불신과 반감을 잦은 탈선행위와 위험한 모험으로 표출하곤 했다. 결국 부친은 모스크바 극장과 계약을 했고 루미얀체바란 댄서와 함께 살기 위해 가족을 낯선 수도인 상트페테르부르크에 버려둔 채 떠나버렸다. 10년 뒤 이미 황실 발레 단원으로 명성을 얻기 시작하고 있을 즈음 그는 아버지의 요청과 어머니의 끈질긴 설득에 못 이겨 마지못해 혼자서 부친이 있는 니주니 노브고로트로 갔는데, 1주일 예정으로 떠났던 이 여행은 단 하루 만의 체재로 끝나고 말았다. 그는 부친과 다투었고 마음이 뒤집힌 상태로 부친을 떠났으며, 이것은 부친과의 영원한 결별이 되었다. 이후 부자는 다시는 만나지 못했다.[1]

이렇게 해서 바슬라프의 부친에 대한 감정은 이율배반적인 상태로 고착되어 그의 정서의 일부를 형성하게 된다. 다시 말해 토마스 니진스키는 사랑하는 아버지요 존경하는 교사(자신에게 발레를 교육시킨)이고 예술가이며 가족을 버린 타기할 만한 배신자란 복합적인 영상으로 각인되어 그의 의식 속에 자리잡게 된 것이었다.

가장이 떠난 후(부부는 이혼하지는 않았다) 니진스키의 가족은 말할 수 없는 가난과 고통에 시달려야만 했다(부친은 이따금 돈을 부쳐주었고 맏아들 스타시크는 그가 데려갔다). 모친은 얼마 안 되는 돈을 벌기 위해 예술가란 자존심을 죽이고 시니젤리 서커스에 나가기도 했지만 가족은 여러 번 아사 직전까지 간 적도 있었다. 다행히 바슬라프가 아홉 살 된 1898년에 황실학교에 입학하게 되고(2년 뒤엔 브로니슬라바도) 1년 뒤엔 기숙학생이 되었으므로 두 아이

---

[1] 니진스키의 양친은 바슬라프가《판》에 의해 안무가로 데뷔한 후, 그러니까 그의 명성이 절정에 있을 무렵 재회하게 되는데, 토마스가 용서를 빌면서 아내에게 되돌아왔고 아직도 남편을 사랑하고 있던 엘레오노라는 그를 용서했지만 재결합하지는 않았다. 토마스 니진스키는 그 후 얼마 안 돼 인후의 종양 때문에 생긴 구멍으로 인해 사망했다.(1912년 10월 15일)

의 교육은 이제 황실의 손으로 넘어가게 되었다. 그의 비상한 천재는 곧 교사들과 학생들의 눈을 끌었고 열두 살 때 이미 그는 '신동'으로 러시아 전역에 알려졌으며 '세계의 8대 불가사의' 또는 '북北의 베스트리스'2라고 찬양되었다. 그리하여 학교에선 아직 학기가 2년이나 남은 16세 되던 해 그에게 졸업을 하고 마린스키 극장에 들어가라는 권유를 하게 되지만, 니진스키의 모친은 아들이 학교의 정규과정을 마치기를 바랐기 때문에 이를 거절했다.

그러나 니진스키의 학교 생활은 평탄치 못했다. 친구들은 그를 이해하지 못했고 그는 사람들과 잘 어울리지 못했다. 게다가 너무도 확연히 드러나는 그의 천재성은 주위를 놀라게 했지만, 최초의 경탄은 어느덧 시샘과 적의로까지 변해갔던 것이다. 그가 희생양이 된 1903년(14세)의 '공기총 사건'은 그 좋은 예라 할 수 있으며, 그보다 2년 전에 있었던 '추락 사고'는 이같은 경향이 정점에 이른 경우라 할 수 있다. 이때 그는 닷새 동안 의식불명 상태였다가 기적적으로 살아났지만 이 사고로 인한 내출혈과 뇌 손상이 훗

---

2 베스트리스Vestris는 18세기 이탈리아의 유명한 무용가문의 성姓인데, 위대한 댄서요 안무가인 Gaetano Vestris와 그의 동생 Gasparo, 그리고 그의 누나 Teresa는 주로 이탈리아에서 활약했고 가에타노와 프랑스의 댄서 마리 알라르 사이의 사생아인 Auguste Vestris와 그의 아들 Armand은 프랑스에서 활약했다. 여기서 니진스키와 비유된 베스트리스는 눈부신 테크닉 때문에 '새로운 프로테우스'라 불렸던 오귀스트 베스트리스를 일컫는다.

날 니진스키의 정신이상에 중요한 요인의 하나로 작용했음은 의심의 여지가 없다.

천성적으로 비사교적인 데다 철두철미 묵고적인 기질이었던 그는 처음에 자신이 교사들과 급우들로부터 사랑을 받고 있다고 느꼈을 땐 누구에게나 미소하기를 좋아했다. "내가 그들 모두에게서 사랑받고 있음을 알고 있었으므로, 나는 모든 사람을 다 사랑했다." 그러나 그것이 착각이었음을 깨닫고 그는 자기 속으로 들어가 사람들과의 교감을 단념하게 된다. "나는 더 이상 즐겁지 않았다. 나는 죽음을 느꼈고 사람들이 무서웠다. 그래서 나는 나의 방에다 나를 가두었다. 나는 높은 천장을 가진 좁다란 방에 있었다. 나는 벽과 천장을 바라보는 것이 좋았다. 그것은 내게 죽음을 생각나게 했기 때문이다." 그는 마치 감옥에 갇혀 있는 기분이었고, 오직 춤추고 있을 때만 자유를 느꼈다.

사람들로부터 소외되어 이해받지 못한 채 슬픔에 잠겨 정신의 파국을 향해 서서히 침몰해간 니진스키의 비극은 이때 이미 그 뿌리를 내리지 않았나 싶다. 학생시절뿐 아니라 마린스키에서도 그는 본질적으로 '외톨이'였다.[3] 그를 진정으로 이해하고 그와 공감

---

[3] 마린스키에서도 대중들이 그토록 그의 춤을 보고 싶어했는데도 연 8회의 시즌에서 그는 네 번밖에 춤출 기회가 없었는데, 그것이 다른 동료 댄서들의 질투와 음모의 결과였음을 후에 그는 알게 되었다.

이덕희 선 | 83

을 나누며, 그가 자신의 모든 것을 터놓고 얘기할 수 있는 상대는 오직 누이 브로니슬라바뿐이었다. 그리고 그녀는 오빠가 외톨이라는 것도 진심으로 이해했다. 일반적으로 사람들은 대다수의 사람들과는 다른 '이질적인 존재'에 대해 본능적으로 거부감과 적의를 느끼는 법인데, 니진스키는 대부분의 사람들이 중요시하는 돈이나 명성 또는 사회적 지위 같은 데는 전혀 관심이 없었다. 그에겐 어딘가 세속에 속해 있지 않은 듯한 수도사적 면모가 있었다. 거의 언제나 군중 속에서 약간 비켜 서 있는 듯한 모습, 이것이 니진스키를 생각할 때 떠오르는 압도적인 인상인 것이다.

니진스키와 직접 알았던 사람이나 그의 동시대인들이 자주 지적했듯이, 그에겐 확실히 어딘가 여느 사람들과 다른 데가 있었다. 이를테면 피터 리븐 공의 다음 같은 기술을 보라.

예술가로서의 니진스키가 남긴 인생이 너무나 잊을 수 없고 위대한 것과 반비례해서 한 사람의 인간으로서 그가 남긴 인상은 미미하고 실망스러운 것이었다. 이런 극단적인 대조를 나는 정녕코 본 적이 없다. 니진스키는 전혀 존재하지 않는 사람nonentity이었다. 절대로 완전히 부재였다. 어떤 사회 내에서도 5분만 지나면 그의 존재는 완전히 잊혀졌다. ······그의 침묵은 그저 말하지 않는 사람의 평범한 침묵과는 달랐다. 그는 뭔가 이상했다. 그가 지적인지 어리석은지를 나는 말할 수 없다. 그는 이 몇가지 말로 묘사할 수 없는 사람들의 계급에 속하고 있다고 나는 생각한다.4

이와 관련해서 베라 크라소프스카야가 《니진스키》5 속에서 전하고 있는 학교시절의 에피소드는 니진스키의 무언가 '불가사의한' 속성을 상징적으로 드러내주는 경우가 아닌가 싶다. 학교에선 저녁 때면 학생들이 어떻게 시간을 보내는가를 알고 있을 법한 학감선생들이 온 학교를 샅샅이 뒤지며 걱정스레 니진스키를 찾아다니곤 했는데, 어느 날 저녁 학감 하나가 어떤 음악이 연주되는 소리를 듣고 소리나는 쪽으로 다가갔던 것이다.

일련의 불 꺼진 홀들을 지나가다가 그는 역시 불이 꺼진 마지막 작은 홀에서 니진스키를 발견했다. 피아노 앞엔 니진스키가 앉아서 《탄호이저》의 서곡을 연주하고 있었다. 그가 언제,

---

4 피터 리븐, 《발레 뤼스의 탄생》에서.
5 러시아의 무용비평가이며 학자로서 러시아와 소비에트 발레의 최고 권위자인 Vera Krasovskaya의 《Nijinsky》는 1974년 레닌그라드에서 러시아어 초판이 나왔고, 1979년 뉴욕에서 Shirmer Books사에 의해 최초의 영문판이 나왔다.

어디서 그 곡을 들었는지는 알 수 없는 일이었다. 교사가 램프를 켜자 니진스키는 벌떡 일어나 구석으로 돌진해가선 교사가 가버릴 때까지 벽을 마주한 채 꼼짝 않고 서있었다. 다음날 음악교사는 학감 선생의 말을 믿을 수가 없었다. 왜냐하면 니진스키는 음악수업에 결석했을 뿐 아니라 가장 단순한 음악작품도 분석할 수 없었기 때문이다. 음악교사의 모든 질문에 니진스키는 침묵으로 일관했다. 결국 학감선생은 《탄호이저》음악과 또 그 전날 일어났던 모든 일을 자신이 단지 상상했던 것이라고 생각하게 되었다.[6]

이 일화에서 우리는 니진스키의 《일기》에 자주 등장하는 '감정'이란 낱말을 떠올리게 된다. 그의 《일기》 전체를 관통하고 있는 사상적 맥락에서 볼 때 그가 말하고 있는 '감정'은 본능, 다시 말해 무의식의 심적 충동을 의미한다. '생각'에 대응하는 '느낌', '논리'에 대응하는 '직관'에 가까운 것이다. 그리고 그는 생각이나 논리를 거부하고, 사람들이 느낌과 직관에 충실할 것을 강조한다. "아내는 생각을 너무 많이 한다. 그녀가 내 말에 귀를 기울여준다면 좋으련만." 혹은 "사람은 누구나 감정을 갖고 있지만, 그것이 무엇인지 이해하지 못한다. 나는 이 감정이 무엇인가를 설명하기 위해

이 책을 쓰려고 한다." 등등. 그의 《일기》를 통독하고 나면 누구나 그가 무섭도록 강한 본능직관의 소유자라는 걸 느끼게 될 것이다. 또한 이 《일기》는 그의 본능무의식의 거대한 강의 격류라는 것을.

---

6 여기에 관련해서 니진스키의 누이 브로니슬라바가 털어놓은 어린 시절의 추억(《회고록》)을 소개할 필요가 있을 것 같다. 니진스키의 가족은 여름방학 때는 프러시아 국경 근처에서 휴가를 보내곤 했는데, 1903년 마리잠폴의 이모집에서 방학을 보내고 있었을 때 니진스키는 사촌의 연주용 그랜드 피아노를 자주 연주했다고 한다. 그리고 사촌의 집에 손님들이 초대될 때는 으레 니진스키가 피아노 연주로 그들을 즐겁게 해주었다.
'엄마는 자신의 열세 살 된 아들이 눈부신 테크닉으로 모든 사람들을 즐겁게 해주는 걸 지극히 사랑스러워했다. 그러나 오직 사촌 스타시아와 나만이 그가 모든 걸 단지 들어서 외운 대로 연주하고 있다는 걸 알고 있었다.'
브로니슬라바의 증언에 의하면, 니진스키는 아주 어렸을 때부터 손에 들어오는 어떤 악기도 쉽게 연주할 수 있었다는 걸 알 수 있다.
'전혀 레슨을 받지 않고도 바슬라프는 형의 아코디언과 클라리넷, 플루트를 모두 연주할 수 있었다. 그는 도므라와 만돌린도 연주했고 발라라이카에 이르러선 그 테크닉이 비루투오소(virtuoso)의 경지에까지 도달했다. 학교에서나 또는 우리가 사촌과 함께 가진 개인 레슨에서 우리 둘은 물론 음표를 읽는 걸 배웠지만, 바슬라프는 참을성이 없어 피아노 앞에 차분히 앉아 자기 앞에 놓인 악보를 읽으려고 하지 않았다. 그에겐 작품을 귀로 듣고 연주하는 것이 악보를 읽는 것보다 훨씬 더 쉬웠다. 음악에 대한 완벽한 청음력을 가진 바슬라프는 마린스키 극장에서 들었던 오페라를─차이코프스키의 《예브게니 오네긴》과 《스페이드의 여왕》, 글린카의 《루슬란과 루드밀라》, 구노의 《파우스트》, 보이토의 《메피스토펠레》 등의 모든 서곡들을─깡그리 기억할 수 있었다. 때때로 그는 이들 오페라의 아리아들을 자신이 피아노로 반주하면서 노래 부르기도 했다. 바슬라프가 하는 것은 무엇이나 나는 다 좋아했지만, 그 중에서도 특히 《탄호이저》의 〈저녁별〉을 연주하며 노래할 때의 그가 제일 좋았다.'

이런 관점에서 본다면《탄호이저》사건은 충분히 이해될 수 있는 것이다. 더욱이나 니진스키는 단순히 과묵할 뿐 아니라 항상 '언어를 통한 의사 소통'에 어려움을 겪었다는 사실을 생각해보라.

니진스키의 '어딘가 기묘한' 인품에 대해선 생모리츠 시절 니진스키의 처가 남편의 문제를 주로 상담했던 프렝켈 박사가 블로일러 박사에게 보낸 편지(1919. 3. 2)에서도 언급되고 있다. "환자의 처는 남편이 항상 낯설고 괴상한 사람이었노라고 말합니다. 니진스키를 잘 알고 있는 그의 하인 역시 그녀에게 같은 말을 했다고 합니다. 결국 러시아 발레학교에서 받은 그의 교육은 초보적인 것이었고, 그의 춤의 발전에 관련되지 않은 모든 과목에선 보통정도의 성적에 불과했죠."

프렝켈은 니진스키와 로몰라 사이에 존재하는 교육, 지성 및 교양상의 너무나 뚜렷한 차이에 깊은 인상을 받았다. 그는 "로몰라는 문화적으로 높은 수준의 헝가리 가문 출신이며, 남편을 사납고 격렬한 성미의 발작을 보이는 러시아의 농부 타입이라 생각한다."라고도 썼다. 프렝켈은 로몰라가 니진스키를 너무나 사랑했기 때문에 그녀에게 자기처럼 되라고 끊임없이 요구하는 그에게 오랫동안 자신을 적응시켜왔다는 느낌을 받았다. "그녀는 그가 그의 괴상하고 비정상적인 이론을 자신에게 강요하는 것을 허용했다. 그녀는 자신의 사고방식이 비정상적일지도 모른다고 믿기까지 했다."

그런데 니진스키가 생모리츠로 은퇴하기 직전 마지막 무대가 된 남미 순회공연 중 리우데자네이루에서 니진스키 부부의 친구가 된 젊은 작곡가 에스트라데 구에라의 니진스키에 대한 회고는 한결 색다른 데가 있어 무척 흥미롭다.

니진스키는 프랑스 말을 아주 잘한다. 완전히 유창한 것은 아니지만 대화를 할 수 있을 정도로는 충분하다. 그는 아내와 기막히게 사이가 좋은 것 같았다. 그녀는 마음에 들고 호감이 갔다. 섬세한 외모에 푸른 눈을 지닌 아름다운 여인이었다. 니진스키가 다른 모든 댄서들보다 월등히 찬미한 댄서는 카르사비나와 그의 누이 브로니슬라바 니진스카 두 사람이었다. 하지만 그들은 너무나 달랐으므로 그는 둘을 비교하지는 않았다. 때때로 그에겐 신비스런 무언가가 느껴진다고들 하지만 내겐 그것이 조금도 유별난 것으로 생각되지 않았다. 나는 그것이 슬라브인의 전형적인 성격이라 여겼다. 확실히 그는 대단히 민감했지만 예술가에겐 그렇게 비정상적인 것도 아니었다. 지적이냐고? 단연코 그렇다고 말할 수 있다. 그의 가장 사랑스러운 면모는 아주 어린애 같은, 허식따위는 티끌만큼도 없는 자연스러움이었다. 물론 그는 자신의 가치를 의식하고 있었고 자신이 하고 있는 일에 대해 너무나 잘 알고 있었지만, 허영심이라곤 추호도 없었다. 사생활에서나 무대 위에서나 그의 행동엔 연약한 데라곤 전혀 없었다. 그는 러시아 발레를 떠나 자기 고유의 길을 가겠다는 소망을 피력했다. 그리고 이 남미 순회가 그의 마지막 공연이 될 것이란 말도 했다. …… 그 뒤 얼마 안 돼 니진스키가 미쳤다는 소리를 들었을 때 나는 그걸 믿을 수가 없었다. 브라질에서 우리가 만났을 때 내게 그걸 예견케 해주는 징조는 아무 데도 없었던 것이다.7

황실학교 입학시험 때 비상한 도약으로 이미 시험관이었던 니콜라이 레가트로부터 '장차 우수한 댄서가 될 것'이라는 예언을 이끌어냈던 니진스키는 입학 후 교사들에게서 특별한 주목을 받았는데, 특히나 니콜라이의 동생 세르게이 레가트는 바슬라프의 첫 무용교사였다. 그리고 그는 바슬라프가 상급반에 진학한 이후까지도 계속 이 제자의 발전을 가까이서 주시하면서 바슬라프의 또 다른 교사인 오부코프와 더불어 여러 번 바슬라프를 호된 벌로부터 구

---

7 프랑수아즈 리스(Francoise Reiss)의 《Nijinsky》에 실린 〈Estrade Guerra와의 인터뷰〉에서(리처드 버클의 《니진스키》에 재수록).

출해주었다. 세르게이는 바슬라프에게 가장 깊은 영향을 미친 교사였으며 바슬라프는 이 선생을 숭배했다.

그런데 1905년의 '10월혁명' 때 황실극장의 발레 예술가들은 대표단을 구성해서 극장측에 여러 요구사항을 제시하며 파업까지 결의했는데, 세르게이 역시 서명자 가운데 하나였다. 또한 학생들도 이들의 본을 따라 자신들의 '혁명적인 요구사항'을 디렉터에게 제시했으며 바슬라프 역시 이 집회에 참석했다. 그러나 당국의 태도는 강경했다. 학생들의 모든 집회는 금지되었고, 파업을 결의한 '항명자들'은 극장 출입이 금지되었으며, 공연은 취소되지 않은 채 학생들이 직업예술가들의 배역을 대신하도록 선발되었다. 자신들이 해고당할지도 모른다는 불안 때문에 예술가들 사이에서도 대혼란이 일어났으며 급기야 많은 단원들이 자신들의 서명을 철회하기 시작했다.

이런 와중에 홀연 세르게이 레가트가 면도날로 목을 따고 자살했다는 끔찍한 뉴스가 터져나왔다. 많은 사람들은 그의 죽음을 그의 정부로 사실상의 처라 할 발레리나 마리아 프티파의 탓으로 돌렸다. 마리아는 거의 40년 동안 황실 발레의 발레 마스터를 역임하면서 사실상 '러시아 발레의 스승' 소리를 들었던 마리우스 프티파의 딸로서, 세르게이에게 동료 예술가들과의 약속을 저버리고 그의 서명을 철회하도록 강요했다고 전해진다. 서명을 철회한 세르게이는 자신이 '배신자'라는 생각에 괴로워하다 결국 비극적인 자살로 생을 마감했던 것이다. 그의 죽음은 동료 예술가들에 의해 널리 애도되었으며 많은 동료들은 그를 자신들의 순교자라 생각했다. 니진스키의 누이 브로니슬라바는 (《회고록》에서) 오빠가 비통하게 울면서 자기에게 이 스승의 죽음을 전하던 이야기를 하고 있는데, 필경 세르게이의 자살은 니진스키의 의식 속에 무서운 충격으로 고착되어 훗날 그가 정서적 혼란을 겪에 됐을 때 심대한 영향을 미쳤음에 틀림없다.

《토스카니니 – 세기의 마에스트로》
역자해설 중에서

불멸의 지휘자

,

"아름다움의 극치는 정확함에 있다."—이 말은 토스카니니의 예술관을 가장 명쾌하게 요약한 것이지만, 토스카니니는 실제로 자신이 만들어낸 이러한 금언의 살아있는 권화權化였다.

지휘자의 계보로 볼 때 토스카니니는 무크와 슈트라우스 및 바인가르트너와 같은 노선을 따른 극도의 객관주의자였으며, 전시대를 통틀어 가장 위대한 직역주의자literalist였다. 토스카니니의 직역주의는 여러 가지로 천명되었지만, 그것은 단순히 인쇄된 악보와 작곡가의 특정한 표현을 충실히 지키는 태도만을 의미하는 것

이덕희 선 | 95

은 아니었다. 그것은 오스트리아—독일 전통에 대한 전적인 반동이요, 템포의 유동성이라는 바그너적인 개념에 대한 대한 격렬한 반발이었다고 보아 마땅하다.

다시 말하면, 토스카니니는 바그너와 폰 뷜로 및 말러 등이 표방한 것과 같은 주관적인 음악관에 대치되는, 음악상의 강렬한 객관주의를 대변했던 것이다. 그는 당대의 지휘예술에 단독으로 한 시대에 걸쳐 가장 강력한 영향력을 행사한 유일한 지휘자였다. 참으로 조지 셀이 적절히 표현한 것처럼 "토스카니니가 지휘의 개념을 송두리째 바꾸어놓았고 그 이전에 한 세대의 지휘자들이 숱하게 범한 제멋대로식의 해석을 바로잡아 놓았다는 사실은 이젠 엄연히 확증된 역사가 되었다. 토스카니니의 가장 중요한 특징은 후기 낭만주의적 해석자들의 전횡을 일소해버린 데 있었다. 그는 수십 년 동안 누적돼온 해석상의 뉘앙스에 덕지덕지 앉은 때를 말끔히 씻어버렸던 것이다."

대체로 음악의 주관적인 해석자들은 스코어를 자기표현의 한 수단으로 사용함으로써 음악 속에다 자신을 투입하는 데 반해 토스카니니의 철저한 객관주의는 오히려 스코어로부터 자신을 배제하려는 태도를 견지한다.

"나는 지휘를 할 때면 언제나 준비를 합니다. 나는 내가 토스카니니라는 걸 보여주기 위해 대중 앞에 서 있는 것은 아닙니다. 결단코!"

그가 이같은 원칙을 스스로 체현體現하게 되기까지는 물론 숱한 탐구를 거쳐야 했다. 그는 스타일의 문제에 관한 많은 것을 읽었다. 그러나 결론을 얻으려는 탐구의 결과는 아무데도 결론은 없다는 것이었다. '정격적正格的'인 스타일에 도달하려는 노력은 헛된 것이라고 그는 말했다. "악기들은 변하고 가락pitch도 변하며, 개념도 변한다. 따라서 베토벤은 20세기에 연주되는 그의 음악을 거의 인정하지 않을 것이다. 그러므로 오직 유일한 사실은—음악가는 악보를 가지고 있다는 것이고, 그는 가능한 한 정직하고 꼼꼼하게 악보를 따라야 한다는 것뿐이다. 게다가 그는 음표대로 따를 뿐만 아니라 리듬의 한결같은 흐름도 지켜야 한다. 전前 시대에 특징적이었던 '표현expression'이란 이름으로 리듬과 템포를 마구 변경시키는heaving and hauling 따위의 관습을 벗어나야 한다. 이를테면 푸르트벵글러 같은 지휘자는 이른바 '스타일'이란 이름으로 계속 스코어를 남용했다. 악보를 해석하기 위해서 지휘자는 오직 원고에, 그리고 작곡가가 무엇을 원하는가에 대한 직감과 감식안에 의존해야 한다. 전통이란 오로지 한 곳에서만, 즉 음악 속에서만 찾아질 수 있는 것이다!"

이러한 토스카니니였던 만큼 그가 1926년, 베토벤의 〈영웅교향곡〉에 대해 언급하면서, "이 음악을 더러는 나폴레옹이라고 말하고, 더러는 히틀러 또는 무솔리니라고 하지만, 내게 있어 이것은 단순히 알레그로 콘 브리오일 뿐"이라고 말했음은 너무도 당연하다 하겠다.

어느 땐가 빌렘 맹겔베르크가 토스카니니에게 자기는 아마도 베토벤 자신으로부터 직통으로 배운 지휘자로부터 〈코리올라누스 서곡〉을 지휘하는, 적절한 독일식 스타일을 배웠다고 말했던 사실에 대한 토스카니니의 논평도 바로 이런 관점에서 이해될 수 있다. "흥(Bah, 토스카니니가 즐겨 쓰는 표현이다—저자)! 나는 스코어에 의해, 바로 베토벤 자신에게서 직통으로 배웠다고 그에게 말해줬답니다."

물론 토스카니니와 같은 견해를 가진 대부분의 지휘자들은 보통 냉담하고 극도로 객관적인 박자기로 전락해버릴지도 모른다. 또 사실 젊은 시절 토스카니니 자신도 이같은 비난을 면치 못했지만, 일단 세계를 정복하자 그는 수십 년 동안 일체의 비평으로부터 면제된 것처럼 보였다.

또한 이전의 비판자들도 조만간에 생각을 바꾸었다. 왜냐하면 토스카니니는 비록 철저한 리터럴리스트이긴 해도 결코 맹목적인 순수주의자는 아니었던 까닭이다. 그에겐 진정으로 '음악을 숨쉬게 하는' 마력이 있었기 때문이다. 그는 하나의 기적, 자연의 힘으로 생각되었다. "대체 토스카니니의 비밀은 무엇일까?"라고 1926년에 《런던 타임스》지에서 물은 적이 있다. "그것은—즉 그는 우리들 대부분이 동의하는 바, 지휘자들 가운데 가장 위대한 지휘자라는 것이다."

어떤 프랑스의 음악가는 맹세코 토스카니니의 시선은 음악가들을 향해 있지 않고 소리를 보고 있었다고 단언했다. "그는 소리를 본답니다." 이 거인에겐 무언가 신비한 힘이 있었다. 그리고 그의 만년에까지 비평의 뉴 스쿨은 감히 그 신비에 의문을 제기하지 못했다.

아르투로 토스카니니는 1867년 3월 25일, 이탈리아의 파르마에서 재단사의 아들로 태어났는데, 그의 부친은 이탈리아의 국민적인 영웅 가리발디와 함께 전투에 가담한 적도 있었다. 아주 어릴 때부터 그는 특출한 음악적 재능을 나타내어 9세엔 파르마 음악원에 보내졌고, 2년 뒤인 1878년엔 이 학교 기숙생이 되었다. 여기서 9년 동안 그는 레안드로 카리니에게서 첼로를 배우는 한편 피아노와 작곡 과정도 이수했다.

1885년에 최고의 성적으로 졸업한 후 토스카니니는 첼리스트로서 음악가 생활을 시작했다(학생 시절 이미 그는 파르마의 테아트로 레지오의 오케스트라에서 연주를 했다). 1887년에 라 스칼라에서 베르디의 〈오텔로〉 초연을 위한 첼로 부분에서 그는 제2첼로를 맡았다. 그러나 이 당시 이미 그는 지휘자의 행로를 걷기 시작했으니, 비범한 음악적 기억력과 귀, 물릴 줄 모르는 호기심, 위대한 집중력 그리고 지배적이고 비타협적인 성격―이 모두가 한결같이 지휘자가 되는 운명으로 그를 몰아갔던 것이다.

열아홉 살에 토스카니니는 이탈리아 순회연주단과 더불어 브라질로 가게 되는데, 남미의 한 극장에서 그는 바로 그의 '운명'과 만나게 된다.

1886년 6월 30일, 리우데자네이루에서 〈아이다〉를 공연 중 상임 지휘자인 브라질 사람이 청중들의 조소와 야유를 받고 지휘대를 떠나게 되자(그의 조수도 청중들의 욕설 때문에 숨어 있었다), 갑자기 지휘자를 구할 수 없게 된 극장측에선 오케스트라 단원들의 권유로 토스카니니에게 지휘를 부탁하게 되었다.

이때 그는 완전히 암보暗譜로써 대가다운 솜씨로 〈아이다〉를 지휘해서 성공한 결과 일약 지휘자로 부상하게 되었다. 데뷔 후 그는 남미에서 계속 18회의 공연을 지휘했다. 이후 10년간을 이탈리아의 여러 극장에서 일하는 동안 토스카니니는 강력하고 엄혹한 지휘자요, 범용하고 진부한 사람들의 적으로서 점차 더해가는 명성을 얻게 된다.

21세 때 이미 토스카니니는 지휘자로서 확고한 지반 위에 서 있었다. 비록 오랫동안 이탈리아 바깥에선 오직 명성에 의해서가 아니고는 별로 잘 알려져 있지는 않았지만, 미국의 언론에서 그의 이름이 처음 거론된 것은 1896년 2월 1일자의 디트로이트 《송 저널》에서였다. 한 특파원이 토리노에서 기사를 보냈던 것이다.

> 토스카니니란 이 얼마나 기막힌 오케스트라 지휘자인가! …… 어쩌면 그렇게도 확고하고 그렇게도 침착한지! 이탈리아 음악의 최고 지도자며, 이탈리아에서 바그너의 음악을 그처럼 장려한 수법으로 지휘할 수 있는 유일한 사람. 게다가 이 모든 것을 그는 완전히 암보로써 지휘한다는 사실을 생각해보라!

사실 토스카니니의 기억력은 거의 전설적인 것이었다. 그는 아무리 복잡하고 긴 악보라도 한두 번만 보면 깡그리 외워버렸다. 이것은 처음 대하는 악보인 경우에도 마찬가지였다. 물론 그가 악보를 외울 수밖에 없었던 것은 지독한 근시였던 관계로 지휘 때 악보대 위의 악보를 보면서 지휘할 수 없었기 때문이기도 하지만, 그의 천재적 기억력이 아니었다면 불가능했을 것이다. 따라서 그의 머리엔 그가 지휘하는 모든 음악의 악보가 고스란히 들어차 있었으니, 그는 가히 '살아 있는 악보 도서관'이라 할 만했다.

1908년 토스카니니가 미국의 메트로폴리탄에서 데뷔했을 때도 미국의 신문들이 토스카니니의 기억력에 관한 전설을 퍼뜨리기 시작했을 정도였다. 처음에 신문들은 그가 60편의 오페라를 암보로써 지휘할 수 있다고 했다가 얼마 안 되어 이 숫자는 150, 다음엔 160으로 늘어났다. 그리하여 토스카니니의 기억력에 관한 이야기가 쓰여지기까지 했다. 그 속에는 볼프-페라리가 했다는 말이 인용돼 있었다. "그가 나 자신도 외우지 못하는 내 오페라 〈르 돈네 쿠리오세〉를 외우고 있다고 생각하면 신기하단 말이오."

조국 이탈리아에서 토스카니니는 급속히 거인이 되었다. 그는 〈펠레아스와 멜리장드〉, 〈오이리안테〉, 〈에프게니 오네긴〉, 〈신들의 황혼〉, 〈지그프리트〉를 이탈리아에서 초연했고, 1892년엔 〈팔리아치〉, 1896년엔 〈라 보엠〉의 세계 초연을 가졌다. 푸치니는 원래 니키쉬를 지휘자로 원했으나 당시 토리노의 테아트로 레지오의 디렉터였던 토스카니니로 만족해야만 했다. 하지만 곧 푸치니는 자신이 적임자를 만났다는 확신을 갖게 되었다. "비범한 인물이오! 고도로 지적인 사람이지!" 수년 동안 둘은 우여곡절을 겪으면서 순탄치 않은 우의를 유지했다.

세기의 전환점에서 토스카니니는 여태껏 주로 오페라에만 국한했던 레퍼토리를 확대해서 교향곡도 지휘하기 시작했다. 그럼에도 여전히 오페라는 그의 으뜸 영역으로 남아 있었다. 1898년 토리노시 박람회 땐 자신이 조직한 시립 오케스트라와 더불어 베토벤, 브람스, 슈베르트, 베를리오즈, 차이코프스키 및 베르디를 포함한 44회의 연주회를 가졌다. 1895년 이래 그는 라 스칼라 오케스트라도 지휘하고 있었는데, 아리고 보이토와 스칼라의 신임 매니저 줄리오 가타-카사차가 31세의 그를 라 스칼라의 예술감독으로 초빙한 것은 조금도 놀라운 일이 못 된다. 1898년 12월 26일 바그너의 〈뉘른베르크의 명가수〉로 이른바 라 스칼라의 토스카니니 체제가 드디어 출범하게 되었던 것이다.

토스카니니는 거의 70년이나 지속된 이력에서 라 스칼라에 도합 15년 밖에 있지 않았다.(1898~1903년, 1920~29년). 그러나 라 스칼라는 진정한 의미에서 그의 존재의 예술적 핵심이요, 전체로 통합된 극예술로서 오페라에 대한 그의 이상을 실현하려는 투쟁의 심벌이었다. 물론 일단 결렬된 뒤로는 바이로이트와 잘츠부르크의 객원지휘자로서 이외엔 다시는 라 스칼라로 돌아가지 않았지만, 생애의 끝까지 그는 라 스칼라를 지켜보면서 조언과 봉사를 아끼지 않았던 것이다.

토스카니니가 라 스칼라에 있을 당시 베르디의 〈팔스타프〉를 지휘했을 때 너무도 감동한 베르디가 그저 단 세 마디, "그라치에 Grazie(고맙다는 뜻)! 그라치에! 그라치에!"라고만 했다는 것은 유명한 이야기이다. 그러나 라 스칼라에선 토스카니니의 숭배자도 많았지만 그에 못지않게 적도 많았으며, 그의 엄격함과 독재에 대한 공격도 많이 받았다. 그는 처음부터 오페라 공연에 관련된 모든 문제에 자신이 철저히 관여했다. 실로 라 스칼라는 토스카니니에겐 일종의 치열한 전장이었다. 가수들의 전통적 악습과 속임수 및 경영상의 애로를 극복해야 했을 뿐 아니라 오페라를 감상하는 관객들의 태도도 교정해야 했기 때문이다. 토스카니니는 극장의 조명을 낮추고 숙녀들에게 모자를 벗게 했으며, 오페라 공연이 발레로 끝막음하게 되는 관례를 폐지해버렸다. 그러나 무엇보다 어려운 것은 앙코르의 요구를 억제하는 것이었다. 결국 그는 바로 이같은 '앙코르 사건'으로 인해 라 스칼라를 떠나게 된다.

1902~03년 시즌의 마지막 밤에 조반니 제나텔로는 베르디의 〈가면무도회〉에서 주도역인 테너를 노래했는데, 이때 관중들은 아리아의 앙코르를 요구하며 떠들어대었다. 토스카니니는 거절했지만, 군중은 오페라를 계속할 수 없도록 날뛰었다. 그래서 토스카

니니는 2막이 끝난 뒤 말없이 나가버렸다. 그리고 4년 동안 돌아오지 않았다. 어디를 가든 그는 완전한 권위를 누려야 했던 것이다.

1915년, 토스카니니가 7년간 몸담았던 메트로폴리탄 오페라의 예술감독직을 떠난 것도 이와 비슷한 이유에서였다. 그는 1913년의 유명한 베토벤의 〈9번 심포니〉의 지휘를 포함해서 스물아홉 편의 오페라를 이곳에서 공연했는데, 극장측의 인색한 재정과 만족스럽지 못한 조건에다 당시 그의 오페라의 주역 소프라노 제랄딘 페라와의 연애 사건이 위기에 달한 것 등, 여러 가지 사정이 있었지만, 주된 원인은 자신의 완전한 권위가 관철되지 않았던 데 있었다.

마침 조국이 전쟁중이었던지라 그의 애국심은 그를 조국으로 돌아가게 했다. 그리하여 1920년엔 재조직된 라 스칼라의 예술감독으로 임명되어 1929년까지 이곳에 있었다. 그러나 1926년 무솔리니가 푸치니의 〈투란도트〉 세계 초연에 임해서 토스카니니에게 파시스트 찬가인 '조비네차Giovinezza'를 지휘하도록 했을 때 그는 단연코 거절했고 결국 3년 뒤엔 라 스칼라를 아주 떠나버렸다. 그는 반파시스트요 반나치로, 한때 파시스트 광신자에게 피살당할 뻔한 적도 있었다. 그가 조국을 떠난 것은 피살 위협이 있은 직후였다.

어느 땐가 그는 자기는 생활에선 민주주의자요, 음악에선 귀족주의자라고 공언한 적이 있다. 조국을 떠난 다음 토스카니니는 1931년 뒤로는 이탈리아에서 지휘하는 걸 거부했고, 1933년 이후엔 바이로이트에서도 지휘하기를 거부했다. 나치가 잘츠부르크에서마저 득세하자 토스카니니는 히틀러를 위해 일하는 푸르트벵글러 및 다른 예술가들과 제휴하지 않겠다면서 잘츠부르크에서도 떠나버렸다.

토스카니니의 바통은 흔히 오케스트라 음악가들에게 익숙해져 있는, 이른바 전통적인 기하학적 패턴을 묘사하는 것은 아니었다. 그러나 그의 인습에서 벗어난 자유로운 움직임은 자신의 의도를 너무나 명확히 또한 오류없이 나타냈기 때문에 보는 사람으로 하여금 완전한 확신을 가지고 이끌려가게 만들었다.

중요한 클라이맥스를 제외하고는 오직 오른팔로만 그는 이같은 동작을 나타냈다. 그의 바통은 대체로 어깨와 허리 사이에서 움직였는데, 그의 가장 특징적인 모습은 두 다리를 벌리고 몸을 약간 흔들면서 왼손은 가슴 위에서 서정적인 악절이 진행하는 동안은 심하게 진동하는(이전의 첼로 주자의 버릇인 양) 자세였다. 그리고 연주자에게 가장 중대한 의미를 갖는 것은, 다시 말해서 그에게 피아노가 아니라 피아니시모로, 포르테가 아니라 메조 포르테로 연주하라고 말하는 것은 바로 그의 긴 지휘봉의 끝머리였다.

　게다가 토스카니니의 왼손 사용법은 완전히 새롭고 특이했다. 흡사 축복을 내리는 동작인 양 수평으로 움직이는 왼손으로 그는 오케스트라의 전반적인 밸런스에 도달했던 것이다. 집게손가락을 입술 위로 올려놓는 것으로 더할 나위 없는 미묘한 효과를 거두었으며, 가운뎃손가락을 가슴 위에 올려놓음으로써 첼리스트의 지극히 가냘픈 비브라토를 이끌어내어 미묘하고 격렬한 에스프레시보를 달성했다.

　또한 이같은 동작에 덧붙여 오케스트라의 어떤 부분이나 독주자에게 참여를 알리는 신호가 되는 시선이 하도 강력하기 때문에 그것은 바로 '현재 진행되고 있는 것과 다음 순간 오게 될 것이 병행하는 지휘'였다고 전해지고 있다. 게다가 토스카니니에겐 새로운 일면이 또 있었으니, 그는 스스로 노래를 불러서 오케스트라로 하여금 대단한 유연성을 발휘하게 만들었던 것이다.

　이러한 토스카니니였던 만큼 콧대 높은 빈 필의 단원들이, 오랫동안 끈질긴 노력 끝에 이루어진 토스카니니와의 제휴에서 여태까지와는 판이한 새로운 체험을 했다는 사실은 조금도 놀라운 일이 못 된다. 그들은 토스카니니가 도착할 때까지는 그저 막연한 위대성을 기대했을 뿐인데, 그가 현시顯示한 실제의 힘과, 그 힘이 달성한 효과가 워낙 압도적이었기에 오케스트라 단원들은 자기들이 색채와 리듬과 강도에 있어 그와 같이 미묘한 뉘앙스를 지닌 소리와 리듬과 클라이맥스의 창조에 실제로 참여했다는 사실을 거의 믿을 수 없을 정도였다.

15년 동안이나 빈 필의 바순 주자로 1933~38년에 걸쳐 이 오케스트라의 의장을 지낸 바 있는 후고 부르크하우저는 토스카니니와의 연주가 자신에게 완전히 새로운 음악적 삶을 열어준 체험이라고 고백했다. 1966년에 그는 "바인가르트너와 슈트라우스, 브루노 발터, 푸르트벵글러, 그리고 오토 클렘페러와 더불어 연주를 한 뒤에 오케스트라가 토스카니니와 함께 연주한 체험은 이 모든 음악가와의 경험의 클라이맥스를 이루는 것임을 실감했다. 그는 여타 지휘자들을 능가하는 최고의 예술가였을 뿐 아니라 …… 또한 우리들 자신까지 초월하게 해서 최고의 높이까지 올려주었기 때문이다."라는 말로써 토스카니니와의 모든 체험을 요약했던 것이다.

이같은 현상은 비단 빈 필에 국한된 것만은 아니었다. 토스카니니와 단 한 번이라도 연주해본 오케스트라는 예외없이 전례없는 새로운 체험을 했다. 따라서 "토스카니니 같은 위대한 지휘자는 고등학교 관현악단의 소리를 보스턴 심포니의 소리처럼 만드는 반면, 무능한 지휘자는 보스턴 심포니를 고등학교 관현악단의 수준으로 실추시킨다."는 말이 나오게 된 것도 무리가 아니다.

참으로 숀버그가 전하고 있는 것처럼 "토스카니니의 바통 밑에 있는 연주자들은 일부는 공포 때문에, 일부는 자존심 때문에 특수한 고통을 겪었다. 우수한 음악가들은 저들이 존경하는 지휘자들과 대면할 때면 반드시 특별한 노력을 하게 된다. 토스카니니의 연주자들은 그를 싫어했거나 하물며 증오하기까지 했을지도 모른다. 그러나 그들이 토스카니니를 위해 연주한 것과 같은 연주는 어떤 지휘자를 위해서도 해본 적이 없었다."

뉴욕 필의 팀파니 주자였던 솔 굿맨은 한층 더 흥미있는 기록을 남기고 있다. "어떤 스코어를 막론하고 항상 연주자들이 슬그머니 빼먹어도 지휘자가 눈치채지 못하거나 혹은 알아서 연주자의 곤경을 동정해서 눈감아주는 성가신 부분이 있게 마련인데, 토스카니니에겐 절대로 이것이 통하지 않았다. 그의 음악가들은 사소한 점 하나까지 음표를 쓰여진 그대로 연주해야만 했다. 처음엔 연주자들 사이에 굉장한 아우성이 있었다. 왜냐하면 그들은 새로운 운지법과 새로운 활의 사용법을 고안해내야 했기 때문이다. 그러나 마침내 토스카니니 밑에선, 연주할 수 없는 부분이 결국 연주할 수 있게 되었다."

요컨대 토스카니니와 함께 연주하는 음악가들은 누구를 막론하고, 정도의 차이는 있을망정 그에 대해 어쩔 수 없는 외경심을 품고 있었음은 의심의 여지가 없다. 1928년 뉴욕 필과 뉴욕 심포니가 통합되어 토스카니니가 수석 지휘자로 임명됐을 때 토스카니니 밑에서 연주해보지 않은 신참자들은 미리 겁을 먹고 마비될 정도였다고 한다. 뉴욕 심포니의 바이올린부에서 필 하모니로 옮긴 (후에 탁월한 음악 비평가가 된) 윈드롭 서전트가 전하는 바에 의하면, 신참자들은 자기 아이들에게 카네기 홀의 게시판에 붙은 토스카니니의 찌푸린 얼굴을 가리키면서 착하게 굴지 않으면 토스카니니가 잡아갈 것이라고 경고했다는 것이다.

드디어 토스카니니가 도착하자 전례없는 일이 일어났으니, 음악가들은 자기가 맡은 부분을 가져가서 연습을 했던 것이다. 토스카니니는 어떤 지휘자보다도 모든 공연과 리허설을 하나같이 '계속적인 위기의 심리 상태'로 만드는 능력이 있었다고 서전트는 회고했다. "심포니의 악장마다 에너지의 마지막 한 방울까지 요구하고 극도의 집중력을 이끌어내는 비상사태가 되었다. 매 공연 때마다 마치 우리들의 삶 자체가 그것의 완성에 달려 있는 것처럼 연주되었다 …… 일체의 테크닉을 초월해서 거기엔 통상의 이해를 넘어선 신비한 개인적 힘의 영역이 있었던 것이다."

전형적인 이탈리아인의 기질을 타고난 토스카니니는 성질이 불같아서 걸핏하며 지휘봉을 꺾어버리곤 했기 때문에 항상 47센티미터나 되는 긴 지휘봉을 사용했다. 그는 마치 데몬처럼 일했고 단원들에게도 똑같은 것을 기대했다. 그의 분노는 가히 '베수비오 화산의 폭발'에 비유될 만큼 전설적인 것이었다. 리허설 도중 어느 연주자가 부적당한 소리를 내거나 연주가 뜻대로 진행되지 않으면 이 화산이 폭발했다. "그것은 내가 여태껏 들어본 소리 중에 가장 무시무시한 것이었다."고 토스카니니에 관한 회고록 속에서 바이올리니스트 안텍은 고백하고 있다. 게다가 그는 비위가 상하면 리허설 도중이나 공연중에라도 나가버리기가 일쑤였다.

그러나 오케스트라의 폭군 토스카니니도 음악을 떠난 일상생활에선 다정한 남편이요, 아버지였다. 밀라노의 주식중개인의 딸과 결혼한 그는 세 아이를 두었는데 아들 월터는 RCA의 직원이었고, 장녀 왈리는 이탈리아의 화가이며 시인인 카스텔바르코 백작과 결혼했으며, 차녀 완다는 러시아 태생의 세계적인 피아니스트 호로비츠의 아내가 되었다. 토스카니니 부인은 남편의 연주 여행에 대부분 함께 다녔다.

대체로 많은 음악가들은 1930년대를 토스카니니의 위대성이 절정에 달한 시기로 보고 있다. 이 시기에 그는 명징과 정확성 및 고조되는 강도에 있어 사상 유례없는 완벽한 공연을 보여주었다. 그러나 1935~36년 시즌 끝에 가서 이 69세의 지휘자는 고령을 이유로 뉴욕 필을 떠났다. 하지만 그의 에너지는 무한하여 1937년, 미국의 국립방송단NBC이 특별히 토스카니니를 위해 창설한 NBC 심포니 오케스트라를 맡아 이후 17년간을 이 오케스트라와 더불어 연주를 하면서 음악사상 불후의 명반들을 내놓게 된다. 그는 생전에 대략 263회의 레코드 취입을 했는데, 1965년 재산 관리인인 그의 아들 월터가 그의 전집을 완성한 바 있다.

진실로 토스카니니에 관한 이전의 모든 전설들을 무색하게 할 만큼 점차 '토스카니니 전설'이 불어난 것은 바로 이 NBC 심포니 시기였다. 이 늙은 거장은 신문기사의 기막힌 재료였다. 그러나 토스카니니 자신은 명성 같은 걸 아랑곳하지 않았다. 그는 오히려 신문이나 선전을 피했다. 이 점에서도 그는 '노상 허영심과 질투심이 행위의 동기가 되고' 평생 인기나 명성에 과도히 집착했던 푸르트벵글러와는 연주 스타일의 대조 못지않게 날카로운 대조를 보여준다 하겠다.

그는 오직 음악의 완성을 추구하는 데만 관심이 있었고, 그 외의 모든 것은 이차적인 문제에 속했다. 그는 진정으로 자신이 알고 있는 유일한 분야인 음악만을 위해 살았다. (그러나 이것은 엄밀히 말해서 그렇다는 것이다) 참으로 에이드리언 볼트 경이 말한 것처럼 그는 음악밖에 생각하지 않았다. "나는 그가 다른 것에 대해 이야기하는 걸 들어본 적이 없다. 브루노 발터와는 최근의 연극과 소설에 대해 토론할 수 있지만, 그러나 토스카니니와는 그렇게 할 수 없다."

만년에 토스카니니는 새로 부상하는 세대의 젊은 비평가들에게서 레퍼토리가 좁다는 것에 대해, 특히나 현대음악을 무시하는 것 때문에 비판을 받았다. 그는 말러의 음악에 흥미가 없었고, 제2 빈 악파나 네오 클래식한 스트라빈스키의 음악에 크게 관심을 보이지 않았다. 그러나 그땐 이미 그는 노년이었다. 젊었을 때 그는 바그너와 푸치니 및 드뷔시를 옹호하기 위해 선전 분투하지 않았던가.

사실 많은 사람들에게 토스카니니는 오류를 범할 수 없는 신처럼 여겨졌다. 따라서 그의 지휘예술은 필연적으로 다른 지휘자들의 것을 무효로 만들거나 혹은 적어도 그들을 열등한 존재로 노출시켰던 것도 사실이다. 토스카니니의 연주 태도가 작곡가의 의도를 존중하는 현대적 해석정신을 촉진시키는 데 기여했음은 의심의 여지가 없다. 그는 푸치니, 베를리오즈, 브람스, 드뷔시, 차이코프스키 및 리하르트 슈트라우스 등 다양한 작곡가들의 뛰어난 해석자였지만, 그의 가장 위대한 음악성은 역시 그 자신 제일 애착한 베토벤, 바그너 및 베르디의 삼자 속에서 절정에 달했다. 특히나 베토벤의 〈9번 심포니〉와 1950년에 취입한 베르디의 〈팔스타프〉는 그의 활력과 해석의 통찰력에 있어 기념비적인 것이 되어 있다.

1954년 4월 4일에 있은 토스카니니의 최후 연주는 참으로 가슴이 찢어지는 것이었다. 연주 1주일 전, 그의 87회 생일에 토스카니니는 NBC에 사직원을 보낸 터였다. 방송 도중 토스카니니는 아마도 일생 처음으로 절대무류無謬인 그의 기억력에 순간적인 정전 상태를 경험했다. 라디오 청취자들은 〈탄호이저〉의 '바카날'을 듣고 있었다. 갑자기 음악이 중단되고, 브람스의 〈심포니 1번〉이 흘러나왔다. 무슨 일이 일어났던가. 토스카니니가 지휘봉을 멈추고 공허한 표정으로 서 있었던 것이다. 제1첼로 주자 프랭크 밀러가 힌트를 주고자 했다. 조정실에선 소동이 일어났다. 칸텔리가 엔지니어에게 토스카니니를 중단하고 브람스를 내보내라고 했다고 전해진다. 약 30초가 지난 뒤 토스카니니는 회복했다. 그래서 '바카날'은 다시 계속되었다. 방송이 끝난 후 토스카니니는 분장실로 갔다. 그리고 사실상 역사 속으로 사라져간 것이다.

3년 뒤 90회 생일을 두 달 앞두고 그는 타계했다. 죽기까지 그는 자신의 레코드를 편집하는 일을 했다.

위대한 토스카니니가 죽은 후 NBC 심포니는 그를 위해 1년 동안 지휘자 없이 추모연주를 한 뒤 해산해서 그와 운명을 함께했다. 토스카니니와 NBC 심포니는 영원히 함께 역사에 속하게 된 것이다.

한 지휘자에게 세계가 바칠 수 있는 존경 가운데 이보다 더한 경우를 상상할 수는 없다.

2부

내가 만난 이덕희

편지
- 이덕희 선생님 일주기 기념 추모시

김철 [시인]

어제 저녁 제게 오셨다 가셨지요 이덕희 선생님
마감이 다 됐는데 뭐 하느냐고 지청구 주시려고-

이 바람 저 바람에 부대끼다 깜박 잊고 있었던
선생님의 일주기 기념 추모시를
이제야 씁니다

서울법대 천재 전혜린 평전을 엮으신
또 하나의 서울법대 천재 이덕희 선생님을 찾아
몇 달을 헤매고 거듭거듭 헤맨 끝에
서울시 도봉구 쌍문1동 531-57
한양빌라 가동 202호에 계심을 알아내고는
기쁨에 젖어 한동안 울었던 저입니다

그러나

그토록 만나고 싶었던 지성知性을 향해

온힘을 다해 달리고 달려도

선생님께서는

마지막 해후의 문은 열어 주시지 않으셨지요

이름도 예쁜 〈나비꿈〉을 통해 다시 출간된

사랑과 죽음의 교향시 《전혜린》 서문에서 선생님께서는

"아주 최근엔 아직도 왕성하게 활동 중인

어떤 저명한 노老시인이 항도 부산에서

일면식도 없는 저자에게 《전혜린》에 관한

향수어린 편지를 보내 와서

깜짝 놀랐다는 사실을 고백해야겠다.

그것이 저자에게 기대하지도 않았던 격려가 되었다는 사실을

지면을 통해 밝혀 두고 싶다."라고

저에 대해 언급하셨지요.

선생님보다 4년 연하지만

아직 경로석에 마음대로 앉지 못할 정도로 새파란 저를

한 번도 보시지 않으셨으니
노老시인이라 하실 수밖에 없으셨던 선생님
얼마나 쇠하셨었길래 제 방문訪問을 그렇게도 막으셨던가요

그래도 2014년 출간된 제 졸시집에
책상 앞에 앉기도 힘든 몸으로 써 보내 주신
선생님의 축하 메시지를
시간 날 때마다 읽고 읽으며 저는 생각합니다
이런 영광은 없을 거라고
이런 기적은 없을 거라고

방송도 언론도 문인 단체도 문인 개인도
모두 잃어버린 아니 잊어버린 선생님을
저는 결코 잃지도 잊지도 않았습니다

선생님
제가 드렸던 난蘭은 가져가셨는지요
물뿌리개도 비료도 가져가셨는지요

선생님 보고 싶습니다

선생님 이제는 밖에서 서성이지 않고

제집이듯 들어가 무릎 꿇고

그간 제자로서 못다 한 예를 갖추어도

괜찮으시겠지요

아마도 손을 꼬옥 잡아 주시겠지요

선생님 그때까지

순금純金처럼 빛나는 글 많이 쓰시면서

안녕히 계십시오

꽃처럼 곱고 이슬처럼 맑은 선생님의 세상에서

그때까지 아아

편히 계십시오

고 이덕희 선배의
삶과 죽음을 생각하며

,

박용일 [변호사]

생전에 고 이덕희 선배님을 한 번 뵙지도 못한 제가 이 글을 쓰게 됨을 송구스럽게 생각합니다. 그러나 이 선배님이 사망한 이틀 후인 지난 8월 13일 구 문리대 앞 학림다방에서 열린 이 선배님 추모 모임에 참석한 인연이 직접 계기가 되었고 평소 《전혜린 평전》 등 선배님의 책을 즐겨 읽으면서 이선배님 삶에 관심이 많았습니다. 특히 선배님의 예술, 무용 음악에 관한 글들은 제 삶에 적지 않은 영향을 미쳤음에 감사해 왔습니다. 무엇보다 법과대학 출신으로 법조인이 아닌 작가로서 한평생 '아웃사이더'로 치열하게 인생을 살아오신 선배님의 삶을 다시 생각해 보고 싶었습니다.

아웃사이더로 살다

제가 선배님을 책의 저자로서뿐만 아니라 서울법대 선배님으로 구체적으로 의식하게 된 것은 1982년 출간된 《전혜린 평전》을 통해서였습니다. 선배님은 이 책 서문에서 이 평전을 쓰게 된 것은 '생애를 밝히려고 하는 인물에 대한 개인적 애착'이라면서 '한마디로 나는 전혜린의 인생을 안일한 부르주아적 질서에 도전하는 아웃사이더적 유형의 삶의 투쟁이라는 각도에서 다루었다.'고 밝힌 바 있습니다.

그러나 전혜린의 삶과 죽음은 제가 대학에 입학하기 전해인 1965년 1월에 이미 사망한 전혜린의 유고집 《그리고 아무 말도 하지 않았다》 등으로 서울법대 내에서뿐만 아니라 우리나라 지식인 사이에 큰 파장을 일으켰습니다.

그 당시에도 전혜린과 '소울 메이트'인 선배님의 이야기를 문예반 친구들을 통해 들은 바 있지만 저는 대학 2학년 때 입대하였다가 복학한 1970년대는 소위 긴급조치하의 엄혹한 시대여서 선배님들 얘기는 먼 이야기가 되었습니다. 복학생으로 기숙사인 정영사에서 생활하면서 학내외 시위에도 참가하고 법대도서관보다는 산악반실에 자주 머물며 대학생활을 보내다가 졸업 후 외환은

행에 다녔고 운 좋게도 사법시험에 합격하여 아웃사이더가 아닌 법조인이 되었습니다.

돌이켜보면 선배님 자신도 법대 출신으로서는 일종의 아웃사이더로서 삶을 살아왔다고 할 수 있는데 선배님과 최근까지 교유한 소설가 정찬은 선배님의 죽음을 전혜린과 함께 아웃사이더의 죽음으로 규정한 바 있습니다. (한겨레신문 2016. 8. 26 오피니언 글)

선배님의 이런 삶은 1993년 12월 간행된 서울법대 동창수상록 2집 《하늘이 무너져도 정의는 세워라》에 실린 선배님의 글 '법대와 나와 인생'과 이덕희 에세이집 《그대는 충분히 고뇌하고 방황하고 있는가》에 잘 나타나 있습니다.

'(법대시절) 나는 법대생들을 고시병에 걸린 정서적 불구자로 낙인찍어 가장 매력 없는 남성으로 치부했으니 그들[동급생]과 연애는커녕 데이트 한번 해본 경험이 없다.…… 그 많은 남학생들 가운데 어떻게 내게 로맨틱한 감정을 불러일으킨 대상이 한사람도 없었을까를 생각하면 한편 신기하기도 하고 유감스럽기도 하다는 게 솔직한 고백이다. 실상 나는 높은 커트라인과 유치한 공명심에 이끌려 법과대학에 입학하긴 했으나 대학 4년을 줄곧 법률을 저주하면서 보냈다는 게 옳다.…… 대체로 법학과목 자체는 따분하기 짝이 없었고 강의 전후 문리대 중앙도서관의 한구석에 앉아야 비로소 나는 진정한 나 자신의 탐구를 시작하면서 니체와 키르케고르, 엘리엇과 보들레르 …… 그리고 이 모든 걸 넘어서 마침내 세계와 삶의 비밀의 베일을 벗겨보겠다는 열망에 빠져있었다. 마치 나의 영혼처럼 순수하고 뜨겁게 무섭도록 진실하게 진리를 찾아 인식의 온 넋을 바쳤던 나의 젊음이 바로 거기에 있었다.'고 학창시절을 회고하였습니다.

선배님의 학창생활에 대하여 동기생인 김신유 법률사무소의 창립자 김진억 변호사님이나 선배님의 3년 후배 최영도 변호사님들의 말에 따르면, 선배님은 대학시절 다른 학생들에게는 아무런 관심도 보이지 않았고 선배님의 세계에 빠져 살았다고 하였습니다.

죽음에 이르는 병

선배님은 과연 삶과 죽음을 어떻게 생각하였을까? 선배님은 위 수상록의 글에서 "그때 나는 인생의 이편 언덕에 무엇이 기다리고 있다는 걸 감히 예감이라도 했었던가? 내가 도달해야 할 지점이 어디인가를 정확히 파악하지도 못한 채……오로지 전진해야 한다는 관념 자체에 사로잡혀 있었을 당시에는 실상 그 목표는 문제 밖이었던 것이다. 그리하여 나는 몇 번이나 곤두박질을 거듭한 뒤 과연 지금 나는 어느 지점에 와 있는가?…… 나는 다만 한 가지 확실히 말할 수 있을 뿐이다. 즉 죽을 때까지 계속 전진을 멈추지 말아야 한다는 것을."이라고 적고 있다. 이 글을 쓴 50대 후반 선배님은 학창시절 인생의 목표가 무엇인지 모른 채 오직 전진만 하였다고 하면서도 결국 죽을 때까지 계속 전진할 것을 다짐하고 있습니다.

선배님의 죽음에 관한 생각은 전혜린 평전과 정찬의 글에서 알 수 있습니다. 선배님은 전혜린이 죽기 하루 전 그녀를 단골 다방 학림에서 만났고 그 다음날 그녀가 죽었다는 소식을 들었을 때의 느낌을 다음과 같이 전합니다.

'혜린의 죽음을 처음 전해 들었을 때 한 순간 경악했지만 어쩐지 모든 것을 이해할 수 있을 것도 같았다. 그러나 회고컨대 그 당시 나를 지배한 것은 슬픔이 아니었다. 내가 생각해도 이상할 만큼 나는 그때 전혀 울지 않았다. 오히려 뭔가 괘씸하다는 생각이 들었다는 게 정직한 고백이다. 그녀에게 이니셔티브를 뺏겨버린 것 같은 묘한 감정이 한동안 나를 지배한 것이다. 그녀의 상실로 인한 아쉬움과 그리움을 실감하게 된 것은 아주

뒷날의 일이다.……나는 집요하게 자살을 생각하고 있었던 것이다. 내가 혜린의 죽음을 내심 그렇게 냉정하게 받아들였던 것은 바로 그 때문이다. 인생이 살만한 가치가 있느냐 없느냐를 추구하는 것은 오성의 범주나 우주의 근본체계를 탐구하는 일보다 확실히 우선적인 중요한 문제임에 틀림없다.'(《전혜린》 83, 84쪽)

'그녀의 20대는 절대와 완전에 대한 과대망상적 집착으로 점철된 시절이었으며 어떤 것이 아니라 모든 것을 알고 싶었고 무엇이나 다 되어보고 싶었고 온갖 것을 다 사랑하고 싶었다. 삶의 모습이 날아오르는 자세일 수밖에 없었다. 그런 그녀에게 30대란 힘의 한계를 느끼는 시간이었고 그런 상황에서 전혜린의 죽음이 그녀를 내려친 것이다. - 땅에 발을 디딜 수도, 날 수도 없는 어정쩡한 상황 속에서 그녀는 사람들과의 관계를 끓고 책과 음악 속으로 들어가 망자의 혼들과 함께 살아가게 되었다.

글을 쓰지 못하면 죽은 목숨이라고 했던 그녀가 70세가 되면서 글을 거의 못쓰게 되고 시력이 약해져 책을 제대로 보지 못하는 것도 큰 고통이었다. 만성적인 수면부족에 환청증세까지 생겨 짧은 잠마저 잠식당했다. 억지로 하루 한번 식사를 하는 것은 커피를 마시기 위해서였다. 오래전부터 그녀는 나에게 죽고 싶다는 말을 자주 했다. 육신이라는 지옥 속에 갇혀있는 것 같다고 했다. 사인은 영양실조로 인한 폐렴이었다. 의사의 말에 따르면 육신이 그녀의 뼈 속 영양소까지 앗아가 뼈가 녹아내렸다고 했다.'(정찬의 위 한겨레신문 글)

20대에 같이 자살을 꿈꾸어 오던 선배님은 서른한 살에 죽은 '소울 메이트'인 전혜린과 달리 50여년을 더 살았습니다. 적어도 죽기 전 10여 년 간은 뼈가 녹아내리는 참혹한 상태에 이르도록 생명의 끈을 놓지 않았던 이유는 무엇이었을까? 선배님이 20대부터 생각해 온 죽는 날까지 오직 전진만을 마음속에서 생각한 결과가 아닐까.

전혜린이 본 선배님의 모습

선배님은 전혜린 평전 곳곳에서 두 사람의 관계에 대해 털어놓고 있는데 두 사람은 성격과 기질이 정반대에 가까웠으나 사물과 인간에 대한 사고방식, 인생관과 지적욕구의 대상은 거의 일치했다면서 선배님이 언제나 전혜린의 이성적인 면, 강함, 용기, 탁월함 같은 것만을 너무 지나치게 요구했던 자신에 대한 회한을 고백하고 있습니다. 두 사람은 수시로 만나면서도 수많은 편지를 주고받았는데 전혜린이 선배님에게 보낸 편지 일부를 소개할까 합니다.

'덕희에게는 무서운 불편한 힘이 있다고……남을 거북하게 만들고 남 속에 있는 '離이'를 의식시키는 요소가 있어. 그리고 무엇보다도 남을 어떤 결단으로 몰아넣는 힘이 있어. 그리고 그 결단을 해야 하는 줄 알면서도 못하고 있을 때 자기 자신이 미워지고 따라서 덕희가 두려워지게 되는…… 아무튼 우리가 자연스럽게 그 속에서 호흡하던 거짓을 밝혀내고 더 이상 그걸 견디지 못하게 만드는 직접성이 덕희의 무서운 점이다. 덕희를 알고 나면 너무도 상쾌하고 차고 맑고 순수한 바람과 공기의 강렬함에 압도당하고 다시는 훈기 있는 방안의 끈끈한 밀도와는 친해질 수 없어지고 말고 아무것에서도 권태와 구토만을 느끼게 되고 몰랐던 거리감을 의식하게 된다. 불편한 존재야 너는……. 그래서 그도 너를 두려워하고 미워하면서 강하게 끌리고 있을 거야. 동성의 경우와는 또 틀릴 거니까.' 《전

혜린》, 59, 60쪽 나비꿈)

예술에 관한 눈부신 저작들

선배님은 짧은 신문기자 및 대학 강사 생활을 제외하고는 50여 년 작가, 소설가, 무용평론가, 수필가, 음악평론가, 번역문학가, 칼럼니스트, 자유기고가로서 여러 방면에 걸쳐 수많은 책을 펴냈습니다.

장편소설 《회생》, 산문집 《네 눈의 빛을 꺼다오》 외 3권, 《위대한 만남》, 《발레 입문서》 외 무용관련서 2권. 평전 《불멸의 무용가들》 《음악가와 연인들》 외 6권, 음악 산문 《음악혼의 광맥을 찾아서》 외 3권이 있고 편역서 브로니슬라바 니진스키의 《나의 오빠 니진스키》 및 역서로 프리드리히 니체의 유저 《니체, 최후의 고백》, 바슬라프 니진스키의 《니진스키 영혼의 절규》, 아인슈타인의 《음악에세이》 등이 있습니다.

이 책들 중 몇 가지만 소개할까 합니다.

첫째, 산문집 《그대는 충분히 고뇌하고 방황 했는가》(2011년 5월, 나비꿈)는 이전에 나온 산문집 내용을 집약한 것으로 저자의 개인적 고백이나 내면의 증언이 많이 포함되어 있어 선배님의 내면을 보기에 가장 적합한 글로서 앞에 소개한 동창문집 내용도 이 글에 실려 있습니다.

　이외에도 나는 왜 글을 쓰는가? 나는 왜 결혼을 안했는가? 혼자 사는 삶, 술자리 남성 판별법, 참나운 벗, 흡연예찬 등의 제목의 글은 물론이고 음악의 마력, 모차르트의 칸타타, 혼자 가는 사람 니체, 괴테의 사랑, 들라크루아의 불가사의 등 예술가 철학가들의 삶에 관한 글과 삼만 권 독파(T. E. 로렌스의)에서는 인간의 수많은 만남의 대상 중 서책만큼 성실한 벗이 드물다면서 책속에서 '운명적 만남'을 강조하고 있으며 선배님은 인생에서 음악과 더불어 책을 가장 중시하고 있습니다.

　이 책 마지막 부분의 인간 연구에서는 국내 뛰어난 예술가들인 김수근, 민병철, 조동화, 박용구, 변훈, 이세득, 윤광조 님을 소개하고 있습니다.

　산문집의 제목은 막심 고리키의 노모가 했다는 말로 신이 인간에게 묻는 단 하나의 질문에서 따온 것으로 파우스트의 유명한 구절 '뉘 만일 언제나 노력하여 쉬지 않으면 우리 그를 구할 수 있노라'를 생각하게 합니다.

　둘째, 《위대한 만남》(1995년 6월. 웅진)은 한국가스공사 사보에 연재한 글을 모은 것으로 인류의 위대한 유산으로 결실된 정신의 왕자들의 만남에 관한 이야기 글이란 부재가 붙어 있는데 괴테와 실러, 보들레르와 들라크루아, 키르케고르와 레기네 올센, 슈만과 브람스, 말러와 브루노 발터, 스타니슬로브스키와 네미로비치 단첸코, 니진스키와 로몰라 드 풀츠키, 파블로바와 우다이 샹카르 등 모두 17쌍의 정신의 왕자들을 소개하고 있습니다.

셋째, 《불멸의 무용가》에는 역사상 가장 유명한 무용가내지 연출가들을 소개하고 있는데 그 이름만 나열해 보면 다음과 같습니다. 노베르, 비가노, 디들로, 블라시스 부루농빌, 쁘띠빠, 골스크, 파블로바, 포킨느, 니진스키, 바라노바, 라반, 뷔그만, 골라이조프스키, 발란쉰입니다.

선배님은 일찍이 '춤을 추지 않는 사람은 인생을 알지 못한다.'는 말을 소개하고 무용이 가장 오래되고 중요한 예술임을 강조하면서 《발레에의 초대》, 《매혹의 초대》 등 무용관련 책을 펴내고 대학 등에서 무용에 관한 강의도 한 바 있습니다.

넷째, 니진스키 《영혼의 절규》는 전설적인 무용가 니진스키가 은퇴하여 스위스 생 모리츠에 머물던 1919년 1월 19일부터 6주 반 동안 그의 내면의 소리를 기록한 일기입니다. 그 때는 니진스키 은퇴 후 30년 암묵시절의 초창기인데 이미 정신분열 증세가 나타난 시기였습니다. 선배님은 스물한 살 때 콜린 윌슨의 《아웃사이더》란 책에서 바슬라프 니진스키를 반 고흐, T. E. 로렌스와 함께 실패한 아웃사이더의 전형으로 꼽은 것을 읽고 니진스키와 운명적인 만남을 가졌으며 이후 무용에 관한 남다른 관심과 애착을 갖게 된 것입니다.

선배님의 책이 내 삶에 끼친 영향

제가 제일 먼저 세계적인 무용가를 알게 된 것은 1970년대 말 인도 뉴델리의 소련 영화제에서 본 '안나 파블로바'였는데 파블로바는 발레의 대중화를 위해 애쓴 발레의 대사로서 그의 스승 앙리코 체케티는 "그녀는 오로지 신에 의해서만 가르침을 받을 수 있다."고 그녀의 천재성을 격찬하였습니다. 파블로바는 '예술가는 모름지기 자신을 자기 예술의 제물로 바쳐야 한다'는 신념으로 살았으며 마흔에 인도 등 동양으로 순회공연을 떠났고, 그곳에서 만난 인도인 우다이 샹카르와 공동으로 〈라다와 크리슈나〉 등 인도 3부작을 제작, 미국 유럽 등지로 순회공연한 일도 있습니다.

저는 뉴욕에서 활동하던 무용가 홍신자가 1980년대 후반 귀국 후 자서전《자유를 위한 변명》를 내고 출판기념회를 열었을 때 만나게 되어 '홍신자 죽산 국제무용제'에 거의 매년 참가하였습니다. 저는 이사도라 덩컨 제자의 춤 워크숍에 남정호 교수 등과 참석하여 기본기를 익히기도 하였으며 처와 수년간 스포츠댄스를 즐기며 2015년 최보결 선생의 지도로 선유도 서울춤페스티벌에 출연하기도 하였습니다.

　이외에도 각종 무용제와 강수진의 발레 등을 보러 다닌 것도 선배님의 글에서 받은 영향이 컸습니다. 위 무용가들 중 니진스키는 60평생 중 실제로 10여 년만 무용가로 활동하였는데 그가 공중에 날아오르는 '엘레바시옹'은 너무나 유명하였습니다.

　우크라이나 키예프 태생인 그가 디아길레프의 러시아 발레단(발레 뤼스)의 일원으로 디아길레프의 동성연인으로 지내다가 헝가리 백작의 딸인 로몰라 드 풀츠키와 남미순회 공연 가는 배 안에서 말도 전혀 통하지 않은 상태에서 결혼하게 되었고 니진스키가 29세부터 30년간 정신분열증으로 병원을 전전할 때 처인 로몰라가 헌신적으로 남편 곁을 끝까지 지킨 일은 유명한 일화로 남아 있습니다.

위 니진스키의 일기처럼 선배님이 번역한 《니체, 최후의 고백》도 니체가 정신병동에 있으면서 쓴 것으로 젊은 날 선배님의 영웅이던 니체가 그의 누이와의 지속적인 성관계를 밝히는 등 충격적인 내용이 담겨 있어 일부에서는 니체 저작이 아니라는 설도 있습니다. 세기적인 천재 니체의 철학이 몸과 생명을 중시하고 춤의 중요성을 강조한 것은 춤의 세계에서 널리 알려져 있습니다. 저도 오랫동안 니체를 좋아하고 연구하게 된 계기가 되었습니다.

아웃사이더의 삶을 꿈꾸며

선배님은 20대에 심각하게 자살을 꿈꾸었고 법대생으로서만이 아니라 한 인간으로서 아웃사이더의 삶을 살았습니다. 3년 선배인 '소울 메이트' 전혜린과 달리 50여 년을 더 오래 살면서 수많은 무용, 음악, 문학, 철학에 관한 귀한 책을 우리에게 남기고 돌아가셨습니다. 이렇게 선배님이 남기신 삶과 책은 저뿐만 아니라 많은 사람에게 큰 감동과 기쁨을 주었으며 앞으로도 오래도록 기억될 것입니다.

선배님의 '순수하고 뜨겁게 무섭도록 진실하게 진리를 찾아

인식에 온 넋을 바친' 숭고하고 치열한 삶에 깊은 존경과 감사의 마음을 전합니다.

인간은 아웃사이더로 살기가 쉽지 않지만 어쩌면 아웃사이더로서의 꿈을 가지고 살아가고 있는지도 모릅니다. 저도 법대생으로 법조인이 되었지만 70년대 후반 당시로는 이례적으로 임관을 하지 않고 법조인으로서는 아웃사이더인 인권변호사로서 40여 년 살아온 셈입니다. 돌이켜보면 일찍이 아웃사이더로 살아온 선배님들의 자유를 향한 고뇌와 늘 깨어있는 정신의 영향이 적지 않았음을 생각합니다.

선배님의 명복을 빕니다.

법대 여성문필가
이덕희

– 실존의 여왕을 추억한다 –

,

최종고 [서울대 법대 법과대학원 교수, 한국 인물전기학회 회장]

내가 이덕희 선배를 처음 만난 것은 1984년에 《한독교섭사》를 홍성사에서 낼 때였다. 이재철 사장(지금은 목사)이 연락하여 셋이서 저녁을 하였는데, 10년 대선배이신데도 소녀처럼 단발머리에 담배도 많이 피우고 술도 잘 드셨다. 역시 듣던 대로 문인文人다우시구나 생각했다. 그 후 1994년 내가 교무학장보직에 있으면서 법대 동창문집 《진리는 나의 빛》과 《하늘이 무너져도 정의는 세워라》 두 권을 기획할 때 원고지에다 숯덩이로 쓴 독특한 친필원고를 주셨는데, 당신은 법대 다닐 때 남학생들을 우습게 보았지만 나중에 후회했다는 얘기를 적으셨다. 역시 솔직하고 성깔 있는 문인이라 생각했다.

그러다 한동안 소식이 끊어졌다가 2000년대 들어서 '법대문우회'를 조직하면서 다시 연락이 되었다. 홍성유, 최인훈, 전혜린을 이어 법대 문인으로는 원로이기 때문에 문우회 결성을 알려드린 것이다. 아니나 다를까 대단히 환영하시고 그후 원고는 안 내시지만 매호 나올 때마다 정독하시고 전화로 잘 읽었다고 격려를 주시곤 하셨다. 이동진 문우회원을 만나보고 싶다고도 하셨다.

그러다 내가 운영하는 '인물전기학회'에서 전혜린에 대해 발표해달라고 청하니, 당신이 쓰신 전기를 보면 되고 발표는 다른 사람이 하면 좋겠다고 하셨다. 그리하여 다행히 박영희 선배가 발표를 하였는데, 박선배에게도 직접 만나지는 않고 전화로 여러 가지 얘기해주시더라 한다. 그후 수유리에 사시는 다세대주택에 아래층 사람과 소음관계로 다툼이 있다고 하셔서 문우회 몇 사람이 그곳 파출소에 가서 잘 보살펴 달라고 부탁한 일도 있다.

실존주의를 몸소 살다 간 사람

알다시피 이덕희 여사는 전혜린과 함께 1950/60년대 실존주의

Existentialism의 영향으로 생의 불안, 고독, 결단을 진지하게 느끼고 이를 체현한 독특한 삶을 사셨다. 평생 독신으로 사셨고, 낮과 밤을 바꿔 사셨다. 그러니 만년에까지 몇 사람 제한된 인사 외에는 전혀 접촉을 하지 않으셨다. 나도 밤 12시가 넘어서 전화 주시면 전화로만 얘기했다. 법대 문우회원들이 댁 근처에 가서 저녁식사라도 한번 모시고 싶다고 해도 건강상 움직이기 힘들다면서 사양하셨다. 어떤 대안도 없었다.

그렇게 지내는데, 지난 해 8월 11일 아는 분이 전화로 부음을 알려주었다. 화장장에서 전화를 한다고 하였다. 나는 어이없다는 느낌을 가지면서도 마지막도 이렇게 특이하게 가시는구나 하는 생각이 들었다. 마지막 할 수 있는 일이란 그래도 알던 몇 사람이 모여 경위라도 듣고 추모하자 싶어 장례가 끝나고 이틀 뒤 '학림다방'으로 모이자 했다.

학림다방은 1956년 문을 열어 지난 해 60주년을 맞아 서울에서 가장 오래 된 다방으로 서울시 현대문화재가 되었다. 30년째 주인인 이충열 사장이 이덕희 여사와 뭔가 기념문집이라도 낼까 구상을 하기도 하였다. 초창기 학림다방에만 가면 법대 여학생 이덕희가 단발머리로 문리대 남학생들의 시선을 끌었다는 얘기는 유명하다. 그래도 눈길 한번 안 주고 책만 읽고 음악을 듣던 그 모습이

'학림의 로렐라이' 같이 그려진다. 그렇다, 그녀는 학림의 로렐라이였다!

갑작스런 연락에도 10여명이 나왔다. 돌아가면서 추억담을 얘기하고 나가서 마로니에 공원 골목길의 '비어할레'에서 저녁 겸 맥주를 마시며 앞으로 할 일을 논의하였다. 누구의 발의라기보다 이심전심으로 일제히 1주기 때 추모문집을 만들자고 합의했다. 전혜린 전기를 낸 나비꿈 출판사의 김기창 사장이 내겠다고 했다.

나는 그날 학림에 나가면서 급히 시 한 편을 써 가져가 낭송하였다. 그것을 지난 해 10월에 낸 시화집 《캠퍼스를 그리다》에도 실었다. 유자효 시인이 월간 〈시See〉 지에 이 시화집을 소개하면서 60편의 시 가운데 이 시를 뽑아 평을 하였다. 그러면서 이덕희 여사에 관한 추억도 몇 마디 적었다. 나의 시는 이러하다.

실존의 여왕
-이덕희(1937-2016) 여사께

서울법대 희귀족 여학생의 하나로
3년 선배 전혜린과 친해 전기까지 쓰게 되고

법대인이면서 가장 법대인답지 않게

기자, 수필가, 음악 및 무용 평론가로

한국문필계를 올 코트 프레싱 하셨지요

1950년대와 60년대의 실존주의

고독, 불안, 결단을 몸소 체현하여

한 평생 낮과 밤을 거꾸로 사시면서

물질주의로 타락해가는 세파를 등지고

서민 아파트에서 이웃과 부대끼며

외롭고 고달픈 삶을 영위하셨지요

그런 궁핍 속에서도 한 점 타협 없이

고고한 실존의 여왕으로 버티시더니

금년 여름 살인적 폭염 속에서

기어이 80세의 삶을 거두시는군요

부음도 받지 못한 채 사흘이 지나서야

옛 〈학림다방〉에 모인 선후배 지인들
마음의 연인을 보내기 못내 아쉬워

북받침을 누르며 커피를 마시네요
그 때 앉으시던 그 자리, 그 음악인데

(2016. 8. 13.)

　법대 문학사에서 여성으로 기여한 전혜린과 이덕희를 잊을 수 없다. 얼마나 스타일 있는 법대 여성문학인인가!

　여기까지 쓰고, 일단 법대문우회지 '피데스'에 원고를 넘겼다. 그러다 서울대 중앙도서관에 간 김에 '이덕희'를 검색하니 여러 권 가운데 《그대는 충분히 고뇌하고 방황했는가》라는 에세이집 이름이 눈에 뜨였다. 서가에 가서 책을 뽑아보니 내가 정년퇴임하면서 기증한 책이다. 속장에 "최종고 동문에게 2011.10.15. 저자 드림"이라고 굵은 붓으로 힘 있게 쓴 글씨를 보는 순간 가슴이 뭉클하였다. 이 책이 서울대 도서관에 장서로 비치된 것이 다행이다 싶으면서도 한편으로는 친필로 서명해주신 책을 기증했으니 집 서가에

다시 한 권 갖고 싶어졌다. 이제 남은 분신은 책뿐 아닌가 생각하니 더욱 간절해졌다. 그래서 마침 인물전기학회 발표회(윤상일 변호사가 학원 김익달(1916-1985)에 대해 발표했다)가 있어 나비꿈 출판사 김기창 사장에게 한 권 갖고 나오라고 전화를 했다. 나는 집에 와서 다시 찬찬히 읽어보았다. 내 글은 여기서 끝나도 좋지만 선배를 생각하니 이 책에서 법대와 관련된 몇 구절을 인용해두고 싶어졌다.

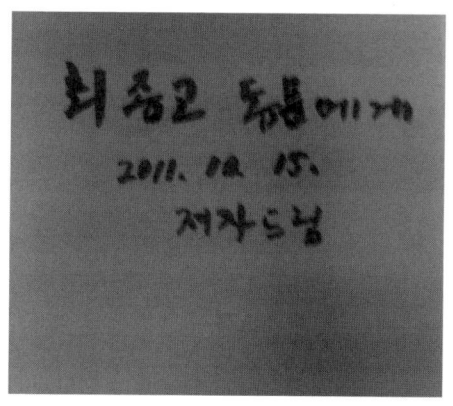

대학을 졸업한 지 15년이 지난 오늘까지 나는 한 번도 캠퍼스 주변을 아주 떠나본 적이 없다. 졸업 직후엔 내가 수없이 전전한 직장마다 어쩐 셈인지 모교를 자주 출입하지 않을 수 없는

일이 있었고, 그 외 여러 가지 야릇한 이유로 해서 나는 노상 이른바 동숭동 대학가 주변을 빙빙 돌고 있는 셈인데, 덕분에 날로 변해가는 대학가의 분위기와, 캠퍼스 안에서 일고 있는 온갖 소용돌이며 면면히 이어져 나오는 새로운 세대의 호흡을 나는 생생히 느끼면서 살고 있는 것이다.(《그대는 충분히 고뇌하고 방황했는가》, 나비꿈, 2011, 31쪽)

단 한번 우리는 당시 이승만 박사의 양자로 들어간 이강석의 법대 입학(보결)을 반대하기 위해 사흘 동안 '동맹휴학'을 한 적이 있었지만 오히려 그것은 즐거운 추억으로 남아 있다. 그리고 이른바 '학보병 제도'가 처음 실시된 것도 우리의 재학시절이었는데 그때 갑작스레 동급생 중 몇십 명이나 되는 학생들이 학업을 중단하고 군에 입대하는 바람에 캠퍼스엔 굉장한 동요가 일었었다. 우리는 당시 학생과장이시던 김증한 교수님 인솔 하에 아마 여학생 거의 전원을 포함한 상당수의 동급생들이 서울역까지 전송을 나가서는 저녁노을이 붉게 비긴 역 하늘에다 대고 서울대 교가랑 이별가를 소리 높이 합창했던 것이다. 평소 때 서로 인사도 없이 지내던 동급생이었건만 그래도 무언가 공동의식을 절실하게 느끼고, 제법 장엄하게 시

대의 슬픔을 공감했던 것도 바로 그때가 아닌가 싶다. (위 책, 36쪽)

당시엔 요즘처럼 소위 '미팅'이라는 것도 없었고 고작해야 '학회활동'에서(나는 국제법학회에 속해 있었다) 세미나에 참석했던 동급생하고나 인사 정도 하고 지냈으니 남학생과 더불어 자연스럽게 다방에서 차 한 잔 나눌 기회도 또 그럴 마음도 없었다 해도 과언이 아니다. 하긴 법대 졸업생 중에도 동급생끼리 결혼한 부부까지 몇 쌍 있기는 하지만, 도대체 그 당시 나는 법대생들은 '고시병'에 걸린 정서적 불구자로 낙인찍어 가장 매력 없는 남학생으로 치부했으니 그들과 연애는커녕 데이트 한번 해본 경험이 없는 것이다. 어째서 나는 그렇게도 초연했던 것일까? 고소를 금할 수 없다(위 책, 37쪽)

실상 나는 높은 커트라인과 유치한 공명심에 이끌려 법과대학에 입학하긴 했으나 대학 4년을 줄곧 법률을 저주하면서 보냈다는 게 솔직한 고백이다. 매일매일의 강의는 내겐 권태롭고 무의미하게만 느껴졌으니 어쩌랴. 그야 기막힌 명강이 없는 것도 아니었다. '케인즈 경제학'을 처음 알게 해준 신태환 교수의 경제원론, 자유당 몰락을 신랄하게 암시하던 한태연 교수의 헌법학, 근본규범에 관해 밤새 생각게 하던 황산덕 교수의 법철학 등……(위 책, 37쪽)

대체로 학과목 자체는 따분하기 짝이 없었고, 나는 강의가 시작되기 전 이른 아침, 혹은 휴강시간이나 강의가 끝난 저녁때 중앙도서관의 한 구석에 앉아 그때야 비로소 진정한 내 자신의 탐구를 시작하는 것이었다. 대영박물관의 3만권 장서를 독파했다는 T. E. 로렌스처럼 이 세상의 온갖 서적들을 깡그리 집어삼키기라도 할 듯이, 법률학에 대한 끊임없는 혐오를 반추하면서 도스토예프스키와 까뮈, 니체와 키르케고르, 엘리엇과 보들레르…… 그리고 이 모든 걸 넘어서 마침내 이 세계와 삶의 비밀의 베일을 벗겨보겠다는 열망으로……(위 책, 38쪽)

그때 나의 인생의 이편 언덕에 무엇이 기다리고 있음을 예감했던가? 나는 자신의 관념에 홀려 너무나 성급하게 주위와 사물들을 넘어서 무턱대고 앞으로 앞으로만 치달렸던 게 아닌가? 내가 도달해야 할 곳이 어딘가를 확실히 파악하지도 못하면서……그렇다. 오로지 전진해야 한다는 관념 자체에 사로잡혀 있었을 당시엔 실상 그 목표는 문제 밖이었기 때문이다. 그러나 다시 한번 말하거니와 나의 지나간 대학시절은 내 삶에서 '한 번 더 살아보고 싶은' 날들이었음을 가슴 저린 그리움으로 고백하지 않을 수 없다.(위 책, 38쪽)

더 인용할 수 있지만 이 정도로 그친다. 단언하건대, 서울법대에서 앞으로도 이런 여성 문필가를 배출하기는 힘들 것이다. 이런 감수성과 필력을 갖춘 여성이 그때와 같이 독서와 정신의 여유를 허락받고 자신의 내면세계를 구축할 수 있을까 의문스럽기 때문이다. 부디 독실하셨던 천주교 신앙으로 천국에서 이 땅에서 못 누린 행복 영복으로 누리시길 기도한다.

괴팍할지언정
결코 노회하지 않았던 영혼

,

한경심 [자유기고가]

선생님과 나는 여러모로 정반대였다. 선생님은 모든 걸 기억했고, 나는 돌아서면 까먹었다. 선생님은 무엇이든 계획대로, 예정대로 진행되어야 직성이 풀리는 사람이었고, 나는 되는 대로 흘러가는 사람이었다. 그래서 선생님은 나를 '만만디' 또는 '덜랭이'라고 부르셨다. 선생님은 한번 한 약속은 꼭 지키지 않으면 못 견디는 성격이라 약속 같은 걸 참 자주도 잊어먹는 내게 분통도 많이 터뜨리셨다.

극과 극은 통한다 했던가. 그런 선생님이 나를 참으로 예뻐하셨다. 부모 속 썩이는 말 안 듣는 자식을 대하듯, 한없이 게으름을 피우는 내게 칭찬과 격려, 그리고 채찍질을 해가며 어떻게든 내 소질을 살려주려 애를 쓰셨다. 부모님을 빼고는 그렇게 순수한 마음으로 내 앞길을 걱정해주신 분은 또 없었던 것 같다. 그리고 부모의 열망에 부응하지 못했듯, 선생님이 내게 건 기대와 열망에도 나는 그저 "네, 네." 말로만 그치고 말았다. 돌아가시기 직전까지 새로운 책을 구상하고 계셨고, 곧 만나 함께 의논하자고 하셨다. 나는 곧 찾아뵙겠노라고 편지를 띄우곤 했지만, 그 역시 말로만 남았다.

강박적일 만큼 철저했던 사람

> 사람은 자기의 과거를 호주머니 속에 넣어둘 수는 없다. 과거를 정돈해 놓기 위해서는 집을 한 채 가져야만 한다. 나는 육체 밖에는 가진 것이 없다. 자신의 육체만 가지고 있는 사람은 추억을 간직할 수가 없다. 나는 슬퍼해서는 안됐을 것이었다. 나는 자유롭기만 했으니 말이다.
>
> ─사르트르, 〈구토〉 중에서

《구토》의 주인공 로깡땡의 이 구절을 한때 입에 달고 다녔다는 이선생님은 끝내 자기 소유의 집을 갖지 못하셨다. 물론 자유와 고독은 만끽하셨지만. 그리고 종잇장처럼 얇은 육체만을 남기고 떠나셨다. 자신이 좋아한 시몬느 베이유와 2월 3일 같은 생일이라고 기뻐했던 선생님은 역시 베이유처럼 더운 8월에 세상을 등졌다. 지독한 폭염이 계속되던 지난여름이었다. 젊은 시절 폐병을 앓아 죽을 고비를 넘겼던 선생님은 평생 갖가지 병에 시달리셨다. 그리고 그런 '아픈 몸'은 '청구서'라고 했다. 평생 낮과 밤을 바꿔 살고 술과 커피, 담배를 달고 살면서 건강을 돌보지 않았던 젊은 날이 뒤늦게 보내온 청구서라고.

    선생님을 알고 지낸 30여 년 동안 선생님은 늘 몸이 신통찮았지만, 원고 마감은 어긴 적이 없었다. 평생 마감에 늦은 적은 아마 한번 정도일 것이다. 그것도 갑작스레 눈이 잘 보이지 않게 된 경우였던 걸로 기억한다. 자신의 말마따나 "아야, 아야, 하면서도 깡다구로 글을 쓰는 것"이었지만, 선생님의 글은 완벽한 것으로 정평이 나 있다. 그래서 담당기자든 출판사 편집자든 선생님 글은 손대지 않는 것이 불문율이었다. 글에 대한 완벽함과 칼같이 지키는 마감으로 작가라는 입지를 신성하게 만든 사람이 선생님이었다. 물론 그렇게 되기까지 선생님이 얼마나 담당기자와 편집자들과 싸워 왔는지 나는 잘 안다. 나라면 차라리 마르탱 뒤 갸르가 그랬던 것처럼 "고친다고 별로 좋아지지 않으니 손대지 마십시오."라고 했겠지만, 이선생님은 화산처럼 폭발하는 성격이었다. 책을 낼 때면 제목부터 표지 디자인, 사진 배열까지 자신의 의도대로 해야 직성이 풀리는 사람이었다. 때로 강박적이라고 할 만큼 자신의 의지를 관철시키려 하다 보니 함께 일하는 사람은 늘 선생님을 무서워하고, 피곤하게 여기기도 했다. 그러나 그 덕택에 수많은 기자와 편집자, 북 디자이너들이 실력을 쌓게 된 것도 사실이다.

사람을 불편하게 하는 무서운 힘

이선생님이 이렇게까지 철저했던 이유는 뭘까. 타고난 성정이 본디 그랬을 테지만, 1982년 전혜린 평전을 잡지에 연재하는 동안 유족 측의 고소도 있었고, 다른 작가에게 글 내용은 물론 제목까지 도용당한 경험도 한몫했을 터다. 사실 나는 그 시절의 이선생님을 모른다. 1965년 요절한 전혜린이 세간의 관심을 끌던 1960년대와 1970년대, 이선생님은 전혜린과 교유한 후배로—전혜린은 "덕희에게는 무서운 불편한 힘이 있다."고 했다.—, 그리고 서양 고전음악이 흐르는 동숭동 옛 서울대 앞 학림다방의 '붙박이'로 유명했다고 한다. 학림다방이 우여곡절을 거쳐 오늘날 다시 클래식음악이 흘러나오게 됐을 때 이선생님은 다시 학림다방을 찾았지만 이미 붙박이로 지내기에는 건강이 허락하지 않았다.

그렇게 허약한 몸이었지만, 음악이나 무용 이야기를 할 때면 거침이 없었다. 특히나 당신이 숭배하는 지휘자 토스카니니나 무용가 니진스키 이야기를 할 때는 파란 불꽃이 타오르는 것처럼 보였다. 선생님 산문 가운데 〈내 눈의 빛을 꺼다오〉가 있는데, 진짜로 눈빛이 형형했다. 그러다 좋아하는 음악이 들리면 금세 소년 같은 순진한 미소를 머금고 고개를 갸웃하며 손까지 부드럽게 내저으면서 흥얼대곤 했다. 그럴 때면 머리를 허리까지 기른, 얼굴이 하얗고 날씬해서 프랑스 인형 같았다는 선생님의 젊은 시절(선생님을 아는 어느 작가의 말)이 눈에 보이는 듯했다. 물론 많은 사람이 젊은 이덕희에게서 본 것은, 실존주의의 우울과 세상에 대한 경멸, 예술과 이상을 향한 끝없는 추구, 언제든 자살하거나 요절할 것 같은 극도로 예민한 정신이었다. 내가 본 것은 그런 면과 함께 늙고 서서히 쇠약해져가는 모습이었다.

전혜린이 죽었다는 소식을 들었을 때 선수를 빼앗긴 기분이었다고 고백한 선생님이니 자신이 여든까지 사실 줄은 몰랐을 것이다. 돌아가시기 직전까지 새 글을 쓰고 책을 만들 구상으로 가득했지만, 컴퓨터는커녕 늘 자신의 이름이 박힌 전용 원고지에 굵은 색연필로 세로로 꾹꾹 눌러쓰는 원고를 쓸 힘을 잃은 지는 한참 되어 선생님의 장수는 진정한 축복이 되지는 못했다. 다행히 동생이 가까이 살고, 지인들은 선생님을 걱정했으나 선생님 주변은 점점 쓸쓸해져갔다. 한창 활동하던 때는 인터뷰 요청도 많았지만 한 번도 응한 적이 없었고, 열성 팬들의 연락도 우편으로만 받을 정도였다. 스스로 고독과 자유를 택한 것이었다. 끝까지 소식을 주고받았던 이는 소설가 정찬(이 선생님을 모델로 〈베니스에서 죽다〉를 썼다)과 강석경, 그리고 몇몇 사람뿐이었는데 그나마 직접 만나는 경우는 극히 드물었다. 몸이 극도로 쇠약해지면서는 스스로 만나기를 원치 않으셨다. 다만 내게는 돌아가시기 직전까지 만나서 책 이야기를 하자고 약속할 만큼 막역하게 대해주셨고, 언제나 내 편지와 방문을 기다리셨다. 그러나 게으름뱅이인 나는 무엇이든 늘 대답만 "네, 네." 건성으로 하고 미루기만 했다.

먼 곳을 향한 눈동자

　선생님을 처음 뵌 순간은 잘 기억나지 않는다. 내가 20대 초반 '음악동아'에 근무하고 있을 때 선생님은 필자로서 동아일보 출판국을 자주 찾았지만, 당시 출판국 국장과 부국장 모두 서울대 동문이어서 그런 높은 분들하고 얘기하셨고, 음악동아 부장한테도 큰소리치신 분이었으니 막내기자였던 내게 눈길조차 주지 않으셨을 것이다.

　선생님이 원고를 넘기러 한 번씩 사무실에 들르면 주변이 떠들썩해졌다. 창백한 낯빛과 도수 높은 안경, 카랑카랑한 목소리와 그 목소리보다 더 날카롭고 신랄한 비판을 쏟아낼 때는 차장과 부장, 심지어 국장급 사람들까지 모두 쩔쩔 맸다. 거칠 것 없는 그 모습. 나는 그런 선생님 모습이 특별하다기보다 소설이나 연극에 등장하는 '캐릭터'로 보였다. 그때 내 나이는 현실의 어른보다 그런 캐릭터에 더 친숙했던 시절이라(그래서 내 눈엔 선생님이 특별해 보이지 않았나 보다), 선생님보다 선생님 앞에서 쩔쩔 매는 사람들 반응이 더 재미났다. 그렇게 한바탕 회오리바람처럼 나타났다 사라지면, 선배 기자들은 모두 툴툴대곤 했다. 반은 겸연쩍어서, 또 반은 감당이 안 되어서 그랬을 것이다.

대게 선생님 글은 선배들이 담당했는데, 내 바로 옆에 앉은 선배가 선생님 담당기자가 됐던 적이 있다. 선배는 선생님을 만난 다음날이면 전날 선생님과 저녁을 함께한 이야기를 들려주곤 했다. 한번은 술집에서 술을 마시다 정전이 됐는데(그때는 서울 시내도 정전이 됐었나 보다.) 마침 비도 내리고 있었다고 한다. 선생님은 비가 오든, 정전이 됐든 아랑곳하지 않고 열변을 토하고 계셨으리라. 갑자기 번개가 쳐서 어두운 실내에 번쩍 빛이 들어왔는데, 그때 번개빛에 드러난 선생님 얼굴이 너무나 인상적이었다고 했다.

나는 이 이야기를 들으며 선생님의 희끗희끗한 단발머리와 창백한 낯빛, 먼 데를 보는 듯 초점을 잡기 힘든 눈동자와 열변을 토하는 모습을 상상하며 조금 무섭다고도 생각했다. 이 이야기는 선배의 과장이 섞인 묘사일 수도 있고, 나의 과도한 상상력 때문일 수도 있다. 어쨌든 이후 선생님과 친숙해지면서 늙어가는 모습을 지켜보며 선생님의 눈동자는 연세가 들어갈수록 더욱 먼 곳을 향한다고 느꼈다.

음악동아에서 3년째, 드디어 내가 담당이 됐다. 선생님은 그때 아마 발레에 관한 연재를 기획했던 것 같은데(나의 기억력이란!) 담당자로서 처음으로 선생님과 독대하게 됐다. 어딘지 기억나지 않지만 같이 저녁을 먹고 자리를 옮겨 포도주를 마셨다. 술을 마신

곳은 광화문이었던 걸로 기억한다. 광화문 지하도를 건너며 "사람은 한 것을 후회하는 게 아니라 하지 않은 것을 후회한다."는 말씀을 하셨으니까. 유독 그 말만 내 기억에 또렷이 남아 있다. 사랑이나 뭔가 낭만적인 주제로 이야기하던 중에 그런 말씀을 하셨던 것 같다. 나는 무용 같은 것보다 선생님의 연애사가 더 궁금했으니까.

그날 포도주를 마시며 음악과 무용 등 예술에 대해 많은 이야기를 나누었다. 내가 눈과 귀를 즐겁게 하는 것에 꽤 관심이 있었기에 우리는 신나게 이야기했다. 그 시간이 즐거웠기 때문에 선생님이 나를 잘 봐주신 것 같다. 왜냐하면, 연재를 시작하기도 전에 내가 '여성동아'로 발령이 나서 선생님과 일할 기회를 놓치자 선생님은 무척 안타까워하셨기 때문이다. 그런 섭섭함 때문이었을까, 여성동아에 무용가 누레예프, 선생님이 좋아하는 나폴레옹, 그리고 영화배우 그레타 가르보에 관한 연재를 하자고 연락을 해오셨다. 비로소 선생님과 나는 파트너가 된 것이다.

선생님의 고집 덕분에 후배 필자들이 존중받아

선생님의 원고는 토씨 하나, 쉼표 하나 고치지 못하는 걸로 유명하

다. 모차르트가 음표 하나를 고치면 곡 전체가 망가진다고 했던 것처럼 선생님도 당신의 글에서 무엇 하나라도 바꾸면 글 전체가 흐트러진다고 하셨다. 사실 선생님의 글은 완벽해서 고칠 데라곤 없었다. 그럼에도 나는 선생님의 글을 고친 적이 있다. 아마 다른 기자였으면 선생님의 호통이 무서워서라도 감히 글에 손을 대지 못했을 텐데, 매사 '되는 대로'인 나도 일에 관해서는 선생님 못지않게 좀 깐깐한 면이 있었던 것 같다. 선생님은 왜 고쳤는지 설명하는 나의 이유를 듣고 수긍해주셨고, 나중에는 나의 편집에 기뻐하셨다. 잡지 편집이라고 해봐야, 오자가 안 나게 하고 좋은 사진을 찾고 해당 지면에 알맞은 사진을 배치하여 사진 설명을 성의껏 붙이는 정도였지만, 나의 실수에도(틀림없이 나도 실수를 했을 것이다.) 선생님은 기특하게 봐주시고, 믿음을 보여주셨다.

    그러고 보면 선생님은 모두 생각하듯 그런 고집쟁이가 아니었는지도 모르겠다. 물론 자기 주장이 강했지만 이유 없는 주장이나 고집은 아니었다. 납득할 만한 이유가 있으면 언제든 수용하는 부드러운 면이 있었던 게 틀림없다. 나는 선생님의 부드러운 면을 그때 발견했던 것 같다. 그래서 이후로도 선생님을 설득하는 일을 꽤 쉽게 해냈던 것 같다. 아니면 선생님이 나한테만 부드러우셨던 걸까.

선생님이 고집쟁이가 된 것은 아마 당시 문화계와 출판계의 후진성 탓이 컸을 것이다. 여자라는 이유로 쉽게 무시하고 편견으로 대하던 시절, 똑똑한 선생님은 그 똑똑함을 과시하지 않으면 안 되었을 것이다. 무시당하기 전에 무시하는 편이 더 나았던 시절이었다. 자신의 글에 함부로 손대지 못하도록 하고, 책을 만들 때는 표지도, 편집 디자인도, 사진 선택도 모두 선생님 뜻대로 밀고나가고자 고집을 부리신 것도 당시 출판계에 전문 인력도 부족하고 소양도 없는 기자와 편집자들이 수두룩했기 때문이 아니었을까. 문장을 고친답시고 더 엉터리로 고쳐놓는 편집자에게 분통을 터뜨릴 수밖에 없고, 서투른 디자이너에게 책 내용까지 자세히 설명하며 제대로 된 디자인을 요구하다 보니 선생님은 그런 괴팍한 고집쟁이가 되어버린 건 아닐까.

나중에 전문 디자이너와 소양을 갖춘 편집자가 나오는 시대가 되었어도 선생님은 계속 고집을 꺾지 않으셔서 때로 디자이너와 편집자들이 스트레스를 받은 것은 사실이지만. 나중에 내가 책을 내게 되면서 편집자의 의견을 따랐다든가 하는 말을 하면 선생님은 펄펄 뛰셨다. 나는 아니라고, 편집자의 의견이 좋아서 따른 거라고 겨우 달래드리곤 했다.

한 가지 분명한 건, 그런 선생님의 고집 덕분에 후배 필자들은 그만큼 존중을 받았다는 사실이다. 선생님의 걸출한 실력과 완벽주의, 약한 몸으로도 마감이라곤 어겨본 적이 없을 만큼 철저한 자기관리가 있었기에 선생님은 큰소리 칠 수 있었고, 자신의 의지를 관철할 수 있었다. 선생님의 고집을 탓하기 전에 선생님의 완벽함은 존중받아야 마땅하다.

생전에 선생님은 당신의 전집을 한 출판사에서 제대로 출판하고자 하는 꿈을 꾸셨다. 나는 여러 출판사에 타진해봤었는데, 마침 다른 신문사의 기자 친구가 선생님께 감동해서 전집 출판을 추진했지만, 회사의 이해타산에 막혀 실현되지 못했다. 그 친구는 선생님 같은 분이 합당한 대접을 받지 못하는 현실에 무척 가슴 아파했다. 만약 문화를 존중하는 선진국이라면 선생님은 문화계의 원로로 존경받고, 그 괴팍함조차 멋진 전설이 되었을 것이다. 선생님의 한창시절은 낭만은 있었지만 문화계와 출판계의 수준이 너무 낮았고, 이 시대는 물질을 좇는 시대가 되어 문화계조차 유명세와 선전, 돈을 떠받든다. 선생님의 괴팍함은 비현실적인 어리석음이나 허세, 허영으로 매도되기 딱 쉬운 시대가 되었다. 돈과 성공, 유명세가 모든 기준이 되어버린 오늘날 선생님처럼 낭만, 괴팍함, 독선, 그리고 허세든 허영이든 멋과 자기고집, 이상주의를 버리지 못하는 사람은 잊히기 쉽고 비난받기 쉽다.

누구라도 이끌어주고자 했던 스승

담당자가 된 나는 원고를 받으러 선생님 댁에 드나들게 되었고, 대전에 사시던 무렵엔 대전까지도 갔었다. 대전에서는 작은 아파트에 사셨는데, 선생님 성격대로 깔끔하고 환한 집이어서 들어서면 기분이 좋아졌다. 오래 머무르지는 못했지만, 내가 본 선생님의 살림살이 중 가장 나았던 때였다. 원고료가 나오면 꼭 담당기자에게 술과 밥을 사주시곤 했는데, 지금 생각하면 원고료에 의지해 사는 자유기고가에게 밥과 술을 얻어먹는 것은 못할 짓이었다. 세상물정에 어두운 나는 별 생각 없이 받아먹었으니, 생각 없이 어린 것이 죄였다.

내가 회사를 그만두고 프랑스로 떠났을 때 선생님과 나의 인연도 끊어지는 듯했다. 프랑스에서 내가 띄운 편지로 선생님과 나는 다시 새로이 만나게 되었다. 내가 돌아오자 선생님은 나를 어떻게든 필자로 키워보려고 갖은 애를 다 쓰셨다. 그저 빈둥거리기만 좋아하는 내게 프랑스에서 그림과 음악에 빠져 살던 이야기를 써보라며 닦달을 하셨다. 억지로 몇편 써서 보여드리자 마음에 드셨는지 구성을 어떻게 하면 좋겠다는 등 선생님 특유의 열정을 다하여 출판 구상을 펼치셨다. 내 이야기를 쓰는 것을 내켜하지 않는 나는 끝내 그 책을 내지 않을 것을 알았지만, 책을 구상할 때가 선생님이 가장 행복한 순간이라는 것을 알기에 그저 "예, 예." 건성으로 대답하고 말았다.

내가 굼벵이라는 걸 아는 선생님은 심지어 나를 을유출판사로 끌고 가 번역을 시키셨는데, 출판사에서는 선생님과 지휘자 토스카니니(선생님은 토스카니니의 광팬이다.) 전기를 계약하고 싶은 욕심에 할 수 없이 나를 번역자로 받아준 것이었다. 그때까지 나는 기자라는 경력 말고 아무것도 없었고, 을유출판사에서는 최고의 필진과 역자를 동원하여 '예술가 시리즈'를 기획하고 있었으니 나는 적격자가 아니었다. 그렇게 해서 맡게 된 번역이 피아니스트 글렌 굴드의 전기였다. 솔직히 내게 번역은 지루하기 짝이 없는 작업이라 적성에 맞지 않았지만, 선생님께 누가 될까봐 안간힘을 다해 해냈다. 그것이 계기가 되어 다른 번역과 글쓰기를 계속하게 되었으니 내 경력을 터준 분이 선생님이셨다.

선생님은 어느 누구라도 못 키워줘서 안달을 내는 분이었다. 보통사람은 재능 있는 이를 만나더라도 감탄하고 아까워만 하지, 그렇게 나서서 이끌어주기란 쉽지 않다. 그런 점에서 선생님은 가장 사심 없이 누군가를 돕고 다른 이의 성공을 기뻐하는 고귀한 성품을 지닌 분이었다. 척박했던 무용계에서 춤 전문지 '춤'을 창간한 조동화씨의 열정에 감동한 선생님은 오랫동안 '춤' 잡지에 원고료 없이 번역과 평을 실었고, 많은 후배와 제자를 필자와 역자로 소개하곤 했다. 작고한 번역가 이윤기씨도 선생님이 이끌어준 이였다.

선생님이 돌아가셨을 때 그동안 선생님의 격려를 받았던 많은 이들이 느낀 것은 죄책감과 회한이었을 것이다. 은혜를 다 갚지 못한 사람은 언제나 때늦은 후회를 한다. 특히 선생님이 내게 거는 기대가 남달랐던 것을 나도 잘 안다. 선생님처럼 음악과 무용 관련 글을 써주기를 얼마나 바라셨던가! 그런데 나는 사서삼경이나 불교, 한시, 노장老莊 공부를 더 좋아했다. 결국 선생님은 내 취향을 인정했지만 못내 미련을 버리지 못하고 마지막으로 뵀던 날 당신이 그토록 번역하고 싶어 한 《시베리아 공주The Princess of Siberia》(데카브리스트 반란에 동참했다가 시베리아 유형을 당한 남편을 따라간 마리아 볼콘스카야의 평전)를 내게 주셨다. 마지막을 예감이라도 한 것이었을까? 하기야 젊은 시절부터 출판되지 않은 원고와 일기를 수시로 불태우며 주변을 정리해온 분이 아니었던가.

끝내 세속에 물들지 않았던 사람

　선생님이 사랑했던 모차르트와 키르케고르가 그랬던 것처럼 선생님도 곤궁한 시대 곤궁한 말년을 보내셨다. 선생님은 가끔 키르케고르가 마지막 돈 한푼을 다 써버린 날 쓰러진 것을 상기하며 스스로 위로하곤 하셨다. 그때 난 왜 그리 무심했을까. 더 이상 새 글을 쓸 수 없으니 당연히 돈이 없었을 선생님은 내가 돈 안 되는 공부를 하고 있어도 말리기는커녕 가끔 돈 때문에 편집일이나 대필을 하거나 하면 걱정스러운 목소리로 "그런 일을 왜 해? 자기 글을 써야지."하며 걱정해주셨다. 나는 그런 선생님이 좋았다. 세상 사람은 인기 있는 책, 돈 되는 일을 우선으로 치지만 선생님은 뜻 있는 일, 자기 좋아서 하는 일, 훌륭한 글을 높이 쳐주셨다. 누구보다 돈 때문에 궁핍했을 당신이 끝까지 그런 마음을 유지할 수 있었던 것은 얼마나 고마운 일인가! 요즘은 어른 행세하는 사람도 현실적인 조언이랍시고 아주 세속적인 처신을 강조하는 세상 아닌가.

　선생님은 책 계약금을 받거나 인세를 받으면 곧 병원비와 약값으로 다 써버리셨다. 나중에 약도 소용없을 정도가 되고 병원에도 못 다니시게 됐는데도 나는 계속 무심했다. 한의사 친구에게 보약 좀 지어달라고 했더니, 친구 말이 "밥을 제대로 먹지 않는 분에게 약은 못 드린다."고 했다. 그래서 나는 선생님께 밥 좀 드시라고 잔소리를 했지만, 물론 소용이 없었다. 사실 나는 다른 사람에게 사는 방식을 바꾸라는 조언은 가당치도 않다고 생각하고 누구나 자기 살고 싶은 대로 사는 것이 옳다고 여기는 편이라 내 주장을 펼칠 깜냥도 못 되었다. 그럼에도 내가 너무 무심한 것은 아닌가 싶어 한번은 남편을 데리고 가서 꺼진 형광등을 갈아드리려고 하니, 선생님은 또 불같이 화를 내셨다. 나는 선생님 마음을 이해하면서도 그 고집이 원망스러웠다. 예전에 늘 석유곤로에 밥을 하던 시절에도 가스레인지를 못 마땅하게 여기다가 가스레인지를 얻고서는 이렇게 편하고 좋은 줄 몰랐다고 고백하신 적이 있기에, 세상의 변화와 문명의 이기를 무조건 거부하는 선생님이 답답하기만 했다. 만약 컴퓨터를 받아들이고 스마트폰을 이용하실 수 있으셨다면 선생님은 글을 더 많이 쓰고 더 오래 사셨을 거란 생각이 든다. 그러나 역시 컴퓨터와 스마트폰이라는 이 세속의 흐름은 '이덕희'라는 고고한 낭만주의자에겐 어울리지 않은 품목일 것이다.

선생님은 "정신적인 고통은 타인이 이해할 수 있어도, 육체의 고통은 당사자밖에 모르는 법"이라며 늘 입버릇처럼 "몸이 괴로우니 얼른 죽고 싶다."고 하셨지만, 나는 믿지 않았다. 아직 선생님이 커피 맛을 잃지 않는 한 삶의 의지를 갖고 계신 거라고. 밥을 잘 드시지 않았지만, 직접 해드시지 않았을 뿐이지 식당에서 저녁을 드실 때면 하루의 유일한 끼니였을 그 밥을 참 맛나게 잘 드셨다. 그래, 식욕이 있는 한 선생님은 끄떡없어, 나는 이렇게 믿곤 했다. 가끔 선생님이 좋아하는 카레나 멸치조림 같은 반찬을 해가면, 이튿날 "카레 덕분에 밥을 해먹었어." 하곤 좋아하셨다.

어느 해던가. 선생님 댁에 갔는데 충격을 받았다. 선생님 집은 작고 초라하지만 늘 깔끔하고 아늑했었다. 그런데 그 날 침침한 형광등 탓이었을까, 아니면 싱크대의 수도가 고장 났기 때문이었을까, 선생님 집이 다 쓰러져간다는 인상을 받았다. 눈이 어둡고 밥도 잘 해드시지 않았기에 주방은 생기를 잃고 있었다. 차라리 설거지거리가 수북이 쌓인 개수대를 보았더라면 좋았을 걸! 선생님 말씀처럼 살아서 이 집을 탈출할 수 있을지, 나는 불길한 기운을 느꼈다. 한번은 선생님 댁에 잠시 들렀더니, 선생님과 늘 함께하던 새도 사라지고 빈 새장만 걸려 있었다. 선생님 댁의 새 이름은 늘 '잭'이었는데, 마지막 잭이 죽고 선생님은 더 이상 새 잭을 들여놓지는 못했노라고, 섭섭한 마음에 빈 새장을 걸어놓으셨다고 했다. 그 말씀이 또 쓸쓸하게 울렸고, 집안이 더욱 우울하게 느껴졌다.

4년 전 내가 갑자기 아프게 되면서 선생님 댁을 잘 찾아갈 수 없게 되자 선생님과 나는 주로 전화로 연락을 주고받았다. 선생님도 그 무렵 외출하지 못할 만큼 몸이 허약해지셨지만, 나는 언제나 동네 밥집에 가면 맛나게 드시고 즐겁게 이야기하는 선생님만 기억했다. 그러나 가끔 들려 보는 선생님은 갈수록 몸이 야위고 허약해져갔다. 내 눈으로 볼 때는 가슴이 덜컹하다가도, 한번 통화하면 한 시간을 넘게 열정적으로 이야기하시니 나는 선생님은 여전하시다고, 언제까지나 내 곁에 계실 거라고 생각했었나 보다. 선생님은 "한경심씨는 이제 내 친구야."라고 말씀하시곤 했는데, 친구라면 이토록 무심한 친구가 없을 것이다. 차라리 딸이라고 해야 맞을 것 같다. 자식은 무심하기 마련이니까.

사람들에게 알리지 않은 선생님의 부음을 우연히 듣고 달려간 장례식장에서 내가 이름을 말하자 유족(형제와 조카들)분들이 나를 알아보았다. 얼굴도 모르는 나를 알아보니 그만큼 내 얘기를 많이 하셨다는 뜻이리라. 그때 나는 쥐구멍에라도 들어가고 싶은 심정이었다. 그리고 입관 때 유족들께서 맨 먼저 내게 마지막 인사를 하도록 차례를 양보해주셨을 때, 나는 진짜 선생님의 딸이었음을 뒤늦게 깨달았다. 나는 선생님의 창백하고 아름다운 뺨에 내 뺨을 대고 고백하듯 속삭였다.

"늦어서 죄송해요. 다시는 늦지 않을게요."

끝까지 '이덕희 다운'
나의 셋째 이모

,

김미채 [출판인]

한양빌라 가동 2층 2호.

건물 뒤편 좁은 계단을 올라 빈집을 조금씩 정리하다보니 이모의 빈자리가 차츰 실감이 난다. 언젠가 올 날이라는 것도 알고 있었고 그날까지 시간이 아주 많지 않을 거라는 것도 알고 있었다. 이모를 만날 때마다 그 순간을 미리 준비하는 기분이 들곤 했다. 그래도 인연에 충분함은 없었다. 더 길었어도 마찬가지였을 것이다.

인연이 시작된 시점은 말할 것도 없이 내가 태어난 순간부터다. 이모는 많은 조카에게 애정을 쏟았고 그 조카들 사이에서 어린 편인 나 또한 예외는 아니었다. 하지만 내가 어렸던 탓에 늦게 시작된 관계였고, 내가 20대가 되었을 때 그는 이미 70대였다. 그리고 30대의 나는 이모의 말년과 임종의 순간까지 지켜보게 되었다.

그래서 나는 젊은 시절 이모를 모른다. 그의 글에서 혹은 그에 대해 말하는 몇몇 사람을 통해 어렴풋이 전해들을 뿐이다. 중요한 것은 아니지만 때때로 궁금해 그런 것을 통해서나마 엿보고 싶었다. 그런 기록은 내가 대면하고 있는 본인과 상당히 일치하는 점도, 같은 사람이 맞나 싶은 것도 있었다.

누구나 타인에 대한 각자의 심상을 떠올리듯, 이모에 대한 기억과 인상 모두 제각각이었다. 저술가, 작가, 번역가, 전혜린의 친구이자 전혜린 평전의 저자, 전후戰後 서울대 법대를 다닌 우수한 신여성, 정말이지 예술을 사랑했던 사람, 무엇이든 다 되어 보고 싶었던 사람, 그리고 조금은 우스갯소리지만 학림다방의 비품이라든가 하는 말들. 흥미롭게 듣고 과연 그런가하고 본인을 마주할 때마다 그런 표현들에 대해 한 번 더 곱씹어보기도 했지만 결국 나 역시 나만의 인상을 갖고 있었고 앞으로도 변함이 없을 것이다.

어린 시절에는 나에게 독서를 권하며 책을 자주 선물해주고 여러 가지 이야기를 해주는 이모였다. 그냥 그렇게 어느 정도 나이가 차기 전까지는 정말로 어떤 사람인지 모르고 있었다. 세월의 차이 때문에 내가 그의 진가를 알았을 때는 육체가 쇠약해져 이미 글을 쓰기조차 힘들어하던 시기였다. 각종 심부름이라는 명목으로 자주 만나던 10여 년 간 그래도 꽤 많은 소통을 했던 것이 아닌가 생각한다. 물론 나이 어린 조카를 대하고 있었던 것이긴 하지만 말이다.

자신을 닮은 조카에게 공감, 그러나 잔소리도

의외의 공통점이 있었다. 글 쓰고 싶은 사람과 평생 글을 써왔던 사람. 언제나 커피를 달고 살며, 마음 속 깊은 데서부터 음악을 사랑하고 새벽 시간에 언제나 깨어 있던 두 사람. 그렇게 조금은 닮은 것인지 닮아갔던 것인지 이런 모습에서 이모는 항상 소박하게 반가워하곤 했었다. 피가 섞인 조카가 자신과 비슷한 관심사를 갖고 있는 것이나 비슷한 생활 패턴 덕에 필요한 일이 있으면 자정 이후 쉽게 연락을 주고받을 수 있다는 것은 반가웠겠지만 반가움이 다는 아니었다. 잔소리랄까 충고랄까 그런 것도 잊는 법이 없었다. 자신도 그랬기에 밤을 새가며 무언가 하는 것에 이해는 하지만 어린 조카의 건강을 염려하여 언제나 몇 마디 덧붙이곤 했다. 하지만 거기엔 꼭 따라 붙는 말도 있었다.

"나도 젊을 때는 며칠씩 밤새가며 글 쓰고 일하면서 커피를 달고 살았어. 덕분에 지금 와서는 건강도 잃고 몸이 이렇지만 후회는 안 한다고."

일말의 후회조차 없다는 느낌은 아니었지만 진심이 더욱 느껴지는 말이었다. 나는 셀 수 없을 만큼 그 말을 들었고, 많은 분이 떠올리는 '이덕희 다운' 말이 아닌가하고 생각했다.

떠나가신 지금에 와서야 나는 진부하게도 이모가 어떤 사람이었는지 하나하나 다시 떠올려본다. 마지막 순간이 오기까지도 커피는 유일한 낙이었다. 함께 좋아하는 학림다방에서 같이 커피 한 잔 마셔보지 못한 것이 아쉽다. 굳이 대학로까지 같이 외출할 일이 없었던 것도 있지만 말년에는 그 정도도 나가지 않고 칩거한 탓도 있었다. 내 글 한편 제대로 써서 보여드린 일이 거의 없는 것도 아쉽다. 서로 좋아하는 음악에 대해 이야기하곤 했지만 더 많은 것을 공유하지 못했던 것도 아쉽다.

그렇다 하더라도, 저것은 나의 후회다. 나의 셋째이모는 '이덕희 다운' 후회 없는 열정적인 삶을 보냈을 것이다.

끝까지 꼿꼿함을 지킨
고집스러움의 근원은 무엇이었을까

,

이일수 [출판인]

어느덧 나이가 40대 중반을 넘어가면서 휴대전화에 저장된 지인 가운데 하늘의 부르심을 받은 이들이 생겨나기 시작했다. 저장된 이름을 우연히 볼 때마다 감히 삭제할 엄두는 나지 않는다. 대신 그분들과 함께한 순간순간이 빠르게 떠올랐다 사라지곤 한다. 겨울 길목에서 그런 분들을 떠올릴 때, 이덕희 선생님은 그 이미지가 유독 남다른 분이다. 999로 시작하는 자택 전화번호를 한번 누른다면 아마도 다급함과 경계감이 뒤섞인, 예의 그 위태로운 목소리로 전화를 받으실 듯하다.

한겨울에는 외출을 극도로 삼갔기 때문에 선생님을 만나는 경우는 겨울 초입까지, 그리고 봄이 와야 다시 만나곤 했다. 덕성여대를 조금 더 지나 버스 정류소에 내리면 요양병원이 있다. 통상 그 병원을 기점으로 선생님 댁 근처까지 가거나, 병원 건너편에서 선생님을 기다린다. 혜화동 학림다방에서 만난 적은 딱 두 번이다. 자타가 공인하는 학림다방의 '가구'와 같았던 그 시절 이야기와 음악 이야기를 들을 수 있었던 그때는 건강이 그나마 좋았던 때였다.

선생님을 만나 가는 코스는 거의 정해져 있었다. 단골로 가는 조그만 식당에서 저녁을 먹고 덕성여대 앞 카페에 들리기를 몇 차례 했지만, 나중에는 식당에서 주로 얘기하고 헤어지곤 했다. 바람에 떠밀려 금방 휘청거릴 듯 또는 빙판 위를 걷듯 한발 한발 조심스럽게 내딛던 모습이 여전히 선하다.

죽음은 의미와 무의미 사이에 있을 것이고, 한 사람의 삶이 세상에 의미를 드리웠을 순간은, 그렇지 않았을 순간과 견줘볼 때 비로소 드러날 것이다. 그러나 내가 출판사 편집자로서 교유했던 짧은 경험으로 그러한 의미와 무의미를 글로 쓴다는 것은 가당치 않은 일이다. 소소한 만남에서 건져 올릴 수 있는 몇 조각의 기억이 있고, 조금 더 자주 찾아뵙지 못했다는 회한, 그리고 끝내 미완으로 끝난 어떤 책의 기획에 대한 송구스러움이 클 뿐이다.

커피와 음악, 책에 묻혀 살던 사람

당신의 일상을 채웠던 세 가지는 커피와 음악과 책이었다. 학림다방 사장님이 때때로 보내주셨다는 커피를 마시는 순간과 좋아하셨던 음악을 들을 수 있는 순간을 얼마나 소중하게 축복으로 여기셨던가. 고령의 약시에도 말랑말랑한 책이 아니라 문명사와 이론서, 사상사의 범주에 속할 법한 무거운 주제의 책이라야 독자로서 존재감을 느끼고 내용에 대한 코멘트를 잊지 않을 정도의 정신력은 편집자였던 나에겐 얼마나 기괴했던가. 신문 쪼가리에서 간혹 발견하는 북 리뷰까지 꼼꼼하게 읽어버릴 정도의 문자 중독증은 아마도 일상을 지탱하는 작지만 끈질긴 힘이었을 것이다.

전혜린이 당신보다 먼저 '결행'한 것을 만날 때마다 투정하는 것은 하나의 의식이었다. 소설가 강석경과 정찬을 향한 정신적 동지감과 그분들에게서 받는 위안의 은밀한 표현도 단골 주제였으며, 자신의 작품을 가장 많이 출간한 문예출판사 전병석 사장과 긴 인연의 이야기도 화양연화花樣年華의 한 시절을 떠올리는 매개였다.

자신의 이름이 찍힌 원고지에 굵은 색연필로 조각을 하듯 꾹꾹 써내려갔던 원고, 교정지의 토씨와 팩트 하나하나 오류가 없도록 완벽을 기했던 고집스러움을 기억한다. 그분을 기억하고 추모하는 내 마음의 공간에는 그러한 육필 원고와 클래식 음반, 커피와 책이 가지런하다. 그러나 여전히 짐작할 수 없는 것이 하나 있다. 끝까지 꼿꼿했던 자존감의 근원이다. 젊은 시절 동경했던 완벽하고 순수한, 절대의 세계가 어쩌면 그 근원의 언저리에 있었을까, 짐작만 할 뿐이다.

예술의 세계로 이끌어 주신
인생의 스승

허혜순 [씨오디, 도서출판 연금술사 대표]

추운 바람이 옷깃으로 파고 들던 초겨울, 출판사에 입사한 지 한 달쯤 되었을까? 누군가 흥분된 목소리로 광적인 괴성을 지르며 사무실 문을 박차고 들어왔다.

얼굴은 지적이고 여린 몸이였지만 한눈에 봐도 범상치 않은 모습이었다.

그때가 이덕희 선생님과의 첫 만남이었다.

《베토벤 이야기》가 출간되었던 시점이었다. 책에 오자가 발견되었다며 화를 참을 수 없었던 선생님은 성난 모습으로 사무실에 나타났다. 모든 것이 완벽해야만 했던 선생님은 당신의 이름으로 출간하는 책에 오자를 허용하지 않으셨다. 선생님의 광적인 모습은 베토벤의 '운명 교향곡'을 틀어놓은 듯한 착오를 불러일으켰다. 나는 이 엄청난 광경에서 그런 그 분의 신비로운 모습에 매료되었다. 화를 내고 있지만 선생님의 얼굴, 눈동자는 책에 대한 애정으로 빛이 났다. 이덕희 선생님의 독특한 매력에 그 순간 사로잡힌 것이 아닌가 하는 생각이 든다. 첫 만남에 이미 흠뻑 빠진 나는 늦은 시간까지 선생님과 함께했다.

선생님의 모습은 어느 누구보다 사람에 대한 애정과 관심이 많았으며 즐거운 조언들은 두 사람의 나이 차를 넘어서 친근하게 다가왔다. 특히 전설의 무용가 바츨라프 니진스키의 《영혼의 절규》는 들끓던 나의 청춘을 엄청난 자극으로 이끌었다. 내 삶이 선생님을 만나기 전과 그 이후로 나뉠 정도로 커다란 변화를 주었다. 그전에 나는 니진스키가 누군지도 모르는 무지한 청춘이었다. 선생님을 만난 이후로 나의 삶은 예술에 대한 관심을 넓혀가기 시작했다. 그 설레임과 짜릿함이란 허기진 배를 학문으로, 문화·예술로 채우는 행복을 느끼게 되었다. 그 만남의 시작으로 선생님과의 인연은 계속 이어졌다.

《전혜린 이야기》, 《음악가와 친구들》, 《불멸의 지휘자 토스카니니》, 《위대한 만남》, 《역사를 창조한 천재들의 불화사건》 등 수

많은 출간 도서를 선생님과 함께 작업했다. 디자인과 언어 감각까지 관심을 넓혀가는 시간이었다. 출판, 문학, 예술 등의 분야에 목말라 있던 갈증으로 항상 나는 허덕이고 있었다. 그때는 지식에 대한 갈망이 상상력으로 표현되던 시기였다. 나의 이삼십 대를 함께 하면서 이덕희 선생님은 정신적인 스승이자 마음을 따뜻하게 해주는 선배였다.

벌써 열두 시야?

선생님의 작업실을 드나들던 시절 LP판을 통해 흘러나오는 음악. 특히 쇼팽과 베토벤 등 고전 음악을 들으며 비엔나커피 향과 함께 음악가들에 대한 에피소드는 끝이 없었다. 늦은 시간이 되면 우리의 대화는 언제나 "벌써 12시야?"로 끝났고, 헤어짐을 아쉬워했다. 택시를 타거나 늦은 막차 버스를 타고 밤하늘을 바라보며 나의 청춘은 그렇게 축적되어갔다.

지금 이 글을 쓰고 있는 순간에도 선생님 얼굴이 떠올라 울컥한다. 선생님은 친구가 필요했고 나는 내가 떠난 자리를 혼자서 채우고 계실 선생님이 안쓰러워, 늦은 시간까지 함께했다. 그때는 서로 바라보는 것만으로도 행복했으므로 우리의 시간은 길고 긴 밤으로 이야기를 채우고 있었다.

"열정적으로 살아라, 진실되어야 한다. 게으름피우지 말고 많은 예술과 독서에 매진해라."

애정이 없다면 하기 어려운 이야기들….

지금 이 순간 내 마음의 방에는 선생님의 목소리가 울리고 있다. 디자인 회사 〈씨오디〉로 독립했을 때 디자인 분야에서 '떠오르는 별이 되어라'는 말씀과 함께 어느 누구보다 먼저 응원해 주셨다. 서로 일로 연결이 되어 있지 않더라도 해마다 1년에 한두 번은 선생님의 머리를 깎아드리러 찾아뵙고는 했다. 선생님이 아끼는 머리를 깎아드리는 것만으로 기쁨이었다. 그 당시 선생님의 성격상 작업실은 가까운 몇 사람만이 출입이 가능했다. 내 손길을 찾으시는 선생님 때문에 나는 특별한 사람이 된 듯 마냥 뿌듯한 생각마저 들었다. 혜화동에서 홍대로 사무실을 옮기면서는 늦은 시간까지 우이동에 들러 머리를 매만지는 내게 미안하다고 하시던 선생님, 한 해도 거르지 않고 새해 인사와 안부를 전했던 선생님이었다.

변함없이 찾아주는 나의 마음이 의리가 있어 좋다고 말씀해주시며 모든 일들이 다 잘 될거라는 격려는 나의 삶에 큰 힘이 되었다. 주변의 많은 것을 소중하게 생각하는 선생님의 마음은 늘 한결같았다.

2016년은 어느 추운 날 급작스럽게 아버지께서 돌아가시고 아픈 마음으로 방황하는 시기였다. 날이 풀리고 여느 해보다 뜨거웠던 여름이 왔다. 바쁘다는 핑계로 정신없이 지내던 어느 날, 선생님의 부고를 들었을 때는 절망감이 들며, 뜨거운 여름날 안부전화 한 통 걸지 않았던 나를 자책했다. 그토록 뜨거운 날씨에 힘겨운 시간들은 나조차 견디기 어려웠는데 선생님의 안부를 살피지 못한 나의 어리석음에 또 다시 후회의 눈물을 흘렸다.

선생님이 남겨주신 선물

나의 공간에는 수많은 것들이 선생님을 그리워하고 있다. 내 책장에는 여전히 선생님이 좋아하시던 음악과 예술의 혼이 담긴 책이 꽂혀 있다. 선생님께서 주신 책들을 한 권 한 권 꺼내어 책장을 넘기니 선생님이 아끼던 색연필로 써주신 친필 메모와 함께 내 청춘의 기록들도 남아 있다. 앨범을 열면 선생님 모습이 담긴 사진이 있고, 책상 앞에는 선물로 받은 고풍스런 보석함이 있다. 그 안에는 귀한 손편지를 담아놓고 있다.

그리고 선생님께서 이십대에 즐겨 입던 멋스러운 코트도 있다. 생각해보니 많은 것을 선물해주고 가셨다. 그 깊은 애정에 가슴이 메어온다. 선생님은 떠났지만 흔적은 내가 머물고 있는 곳마다 가득 채우고 있다.

위대한 예술가인 니진스키를 포함한 불멸의 무용가들 그리고 베토벤, 쇼팽 등 그들의 위대한 음악과 평생 연인처럼 벗한 선생님. 그들의 열정과 고독 그리고 사랑을 자신의 삶처럼 글을 쓰신 당신을 기억합니다.

'희카페'의 추억

,

이은미 [회사원]

한평생 한결같은 모습을 유지한다는 것이 가능할까. 모든 것이 변화하는 세월의 흐름 속에서 한 개인의 고유한 모습을 한결같이 유지한다는 것은 쉽지 않을 것이다. 하지만 불가능한 것도 아닐 것이다. 하버드대학교를 졸업하고서도 세속적 성공에 관심을 두지 않고 최소한도의 물질에 만족하며 자연 속에서 단순하고 자유롭게 살았던 소로Thoreau가 그랬듯, 또한 시계 같은 규칙적인 일과 속에서 철학만을 탐구하며 단조롭게 살았던 칸트가 그랬듯이. 내가 아는 한, 이덕희 선생님은 한평생 한결같은 모습으로 사신 분이다. 한결같은 순수한 미소와, 한결같은 지식에의 욕구, 한결같은 예술에 대한 사랑, 한결같은 지적 예리함을 유지하신 채, 한결같이 정신적 삶을 체현體現한 분이 아닐까 한다.

혜린이 이끈 새로운 만남

이덕희 선생님과 나의 관계는 저자와 독자의 관계로 시작되었다. 내가 이선생님께 처음 편지를 보낸 것은 선생님의 《전혜린이야기》(예하출판사, 1988)를 읽고 나서다. '전혜린'은 내가 중학교 때부터 가슴에 담고 있던 인물로, 중고교 시절 혜린의 책을 읽으며 나는 나만의 내면세계를 키웠다. 혜린의 글을 통해, 혜린과 정신적 유대가 깊었다는 이덕희씨는 익히 알고 있었지만 《전혜린이야기》를 찾아 읽을 생각은 하지 않았다. 그러다 1994년 3월 어느 날 우연히 서점 서가에서 《전혜린이야기》를 발견하고는 사서 읽게 되었다. 《전혜린이야기》는 실제의 혜린을 느끼게 해주었고 혜린을 나름 알고 있다는 나의 오만을 일깨워주었다. 내게 혜린은 나만의 성소聖所에 있던 존재였기에 《전혜린이야기》가 내게 준 울림을 누구에게도 토로할 수 없었다. 결국 나는 1994년 5월 저자인 이덕희 선생님께 편지를 보냈다.

그리고 몇 주일 후 도착한 보라색 봉투의 우편물! 이덕희 선생님께서 보내온 것이었다. 봉투 안에는 '학림 창가' 사진엽서가 들어있었고 붓 펜으로 쓴 글이 있었다.

"은미 양의 편지는 내가 받은 어떤 독자의 편지보다 나를 흐뭇하게 했답니다. 정성들여 쓴 필체와 정확한 문장, 성실한 자세 등 진지하게 삶을 사색하고 성실하게 살아가려는 은미 양의 정신이 속속들이 느껴지는군요……(하략)"

헤르만 헤세의 편지를 받고 '즐겁게 놀랐다'는 혜린의 기분이 그런 기분이었을까. 한순간의 환희를 그때 나는 느꼈었다. 나의 진심이 누군가에게 통했다는 느낌. 당시 나의 기쁨을 나는 누구에게도 표현할 수 없었다. 《전혜린이야기》를 읽으면서 느꼈던 전율하는 공감과 이선생님께 보내는 편지를 쓰기 위해 들인 정성과 노력은 타인에게 온전히 전달될 수 없는 것이었기에.

이후 몇 번의 서신 왕래가 있었고 그해 12월 어느 날 '학림'에서 이덕희 선생님과 만나게 되었다. 내 삶에서 역사적인 그날의 일을 나는 생생히 기억하고 있다. 약속시간보다 조금 일찍 도착한 나는 학림 한쪽 구석자리에 다소곳하게 앉아 초조하게 선생님과의 만남을 기대하고 있었다. 얼마 지나지 않아 단발머리를 한 작은 체구(실제 이선생님 키는 작지 않았다)의 한 여자 분이 문을 밀고 들어왔다. 그때 나는 "루Lou Salome가 방안에 들어서면 마치 태양이 떠오르는 것 같았다."는 누군가의 말을 떠올렸다. 뭔가 학림의 분위기가 달라지고 있음을 감지할 수 있었다.

첫 만남에서 선생님은 클래식 음악을 많이 듣는지 물으셨다. 내가 좀 주저하며 별로 안 듣는다고 하자, "그러면 나와 할 얘기가 별로 없겠네. 나와 얘기하려면 음악을 알아야 하는데." 하셔서 나를 긴장하게 만드셨다.

저녁식사 자리에서 선생님은 처음 만나는 사람하고는 술 한 잔을 해야 한다며 맥주를 시켰고 만남을 축하하는 건배를 했다. 아까의 긴장은 사라졌고 생각했던 것보다 그 자리가 어색하거나 불편하지 않았으며 오히려 선생님께서 처음 보는 내게 격의 없이 대하신다는 느낌을 받았다. 저녁식사를 하고 '슈만과 클라라'라는 클래식 음악이 흐르는 카페에서 커피를 마셨다. 선생님께서 여러 가지 말씀을 많이 하셨는데 과거에 있었던 어떤 얘기를 해주실 때 선생님이 한없이 맑게 웃으시는 거였다. 그때 나는 50대 여인이 어찌 그리도 순수한 웃음을 지을 수 있는지 놀랐고, 그 모습이 너무 예뻐 감탄했었다.

카페에서 나와 횡단보도를 건너려고 신호등을 기다리고 있었을 때 나는 "선생님, 이렇게 시간 내주셔서 정말 감사해요."하고 말했다. 선생님은 "그런 얘기는 안 해도 돼. 이렇게 즐기는 거지 뭐."라고 하셔서 새삼 '즐긴다!'는 것에 대해 생각했던 것이 기억난다.

그렇게 시작된 선생님과의 만남이 이십여 년 동안 지속되리라 그때 감히 상상이나 했겠는가.

본질에 닿으려는 눈빛과 눈부신 미소

그즈음 나는, 일곱 살에 이미 어떤 사람의 말도 자신에게 도달하지 못할 것이라 확신을 품었다는 니체에 공감하며 한창 삶을 앓고 있었다. 실존자로서의 존재를 앓고 있었다고 할까. 나의 상황을 아시고 선생님은 당신이 젊을 때 쓰신 소설 《회생回生》을 빌려주기 위해 나를 집으로 오라 하셨다. 그렇게 하여 나는 선생님 댁에 처음 가게 되었고 그것이 선생님과의 두 번째 만남이었다(1995년 4월). 그렇게 나는 선생님의 삶 속으로 한 걸음씩 들어가고 있었는지도 모른다.

《회생》은 선생님이 20대 후반에 쓰신 작품인데, 자살을 기도했던 한 여성(준희)이 자신의 삶으로 돌아오는 모습과, 그 여성을 보며 진정한 의미의 삶을 인식하게 되는 한 의사(심박사)의 모습을 통하여 삶에 대해 생각하게 하는 작품이었던 것으로 기억한다. 그런데 《회생》이 출간된 지 얼마 되지 않아 출판사에 불이 났다고 한다. 선생님이 보유하고 계신 책도 어떻게 억지로 구해서 한 권 갖고 있는 거라 하시며 잃어버리면 절대 안 된다고 신신당부하셨다. 선생님의 그 귀중한 책을 내게 빌려주셔서 나는 감동했고 선생님 말씀에 따라 정말로 조심조심 소중히 해가며 그 책을 읽었다. 《회생》은 당시 혼란 속에 있던 내가 마음의 안정을 찾는데 일정 부분 도움이 되었다.

　《회생》 앞부분에 선생님의 젊은 시절 사진이 실려 있었는데 나는 그 사진에 매료되고 말았다. 본질에 닿으려는 듯 무언가를 직시하는 눈빛을 한 표정은 너무나 인상적이었고 머리 모양을 비롯한 전반적인 분위기가 60년대라고는 느껴지지 않을 정도로 현대적이면서 귀티가 났다. 그 사진 속 선생님은 당시 나와 거의 비슷한 20대 중반쯤이었던 것 같다. 내게는 그 사진 속 선생님이 실제 친구처럼 느껴졌었다.

　내가 《회생》의 선생님 사진을 너무 좋아하니까 그 후로 십여 년이 훨씬 지난 어느 날 선생님은 내게 그 사진을 깜짝 선물로 주셨다. 요즘은 기술이 좋아서 옛날 사진도 화질 좋게 복구할 수 있다 하시며, 내게 그 사진을 선물하게 되어 선생님도 기뻐하신 것 같았다. 나는 그 사진을 보면서 그렇게 눈부셨던 선생님과 내 앞에 있는 선생님과의 괴리를 느끼며 묘한 슬픔에 잠겼었다. 무정한 시간과 세월의 무상함을 여실히 느꼈던가. 무엇보다 선생님은 '천하의 이덕희'가 아니었던가.

나는 선생님을 만나기 전에는 선생님이 좀 거구巨軀가 아닐까 생각했었다. 《전혜린이야기》에 실린 선생님 사진을 보면 날씬하다는 생각이 좀처럼 들지 않았다. 그리고 선생님 만나기 전 읽은 몇 권의 산문집에 나와 있는 사진을 봤을 때도 선생님이 미인까지는 아니라고 생각했었다. 그런데 실제 선생님은 마른 체구였고(젊을 때도 날씬했다고 하셨다) 어느 순간 보여주시는 눈부신 미소는 너무도 사랑스러웠다. 내가 경험한 50대 후반부터 70대 선생님의 모습이 그럴진대 젊은 시절 미소 띤 모습은 어떠했을까? 나는 선생님의 연애사에 대하여 알지 못하지만(묻고 싶었지만 묻지 않았다) 뭇 남성이 선생님의 그러한 모습을 사랑하지 않았을까 싶다. 하지만 그랬더라도 예의 그 이지적이고 날카로운 모습에 움찔하여 차마 나아가지 못한 것은 아닐까 하고 혼자 생각하곤 했다.

정신의 지평을 넓히다

선생님과 처음 만나던 시절 나는 선생님과의 만남에 황홀했었다. 그리고 그 관계가 지속되고 선생님 댁을 다니며 선생님 같은 분의 소위 측근이 된 것을 영광스레 생각했었다. 나는 몇 차례 선생님께 '영광'이라는 표현을 썼는데, 그러면 선생님은 "영광은 무슨 영광, 나 같은 사람을······." 그렇게 반응하셨다. 당시 내 마음은 진심이었고 선생님 말씀도 진심이었을 것이라 생각한다.

선생님과의 만남 이십여 년 동안 시기에 따라 차이가 있긴 하지만 일 년에 많으면 예닐곱 번, 적으면 한두 번 정도 선생님 댁을 방문했던 것 같다. 나는 간간이 선생님 댁을 방문하면서 커피여과지를 사다 드린다거나 필요한 자료를 검색해 드리는 등, 도와드릴 일이 있으면 기꺼이 도와드렸다. 선생님은 내가 방문할 때마다 책이나 잡지, 공연 표(음악회, 무용, 연극) 등을 주셔서 나의 정신적, 문화적 지평이 선생님 덕분에 더 넓어졌다 할 수 있다. 또한 선생님은 좋은 책도 많이 추천해주셨는데, 윌 듀란트의 《철학이야기》와 《문학이야기》, 슈테판 츠바이크의 《천재와 광기》, 콜린 윌슨의 《아웃사이더》, 야콥 부르크하르트의 《이탈리아 르네상스의 문화》 같은 책들은 선생님이 아니었다면 내가 쉽게 만나지 못했을 것 같다. 책을 좋아하는 사람이라면 '한 권의 양서'가 의미하는 바가 무엇인지 알리라.

    책에 대한 나의 관심과 사랑은 선생님 만나기 이전부터였지만 클래식 음악을 비롯한 미술, 무용 등 예술 전반에 대한 관심은 선생님이 일깨워주셨다 할 수 있다. 아직까지도 클래식 입문자 수준이지만 이제는 기분에 따라 듣고 싶은 클래식 음악 몇 곡 정도는 가지게 되었고 나름 즐길 줄도 알게 되었다. 혜린은 쇼스타코비치 교향곡 5번을 듣고 있으면 웬만한 불쾌나 기분 나쁜 일이 제거된다고 했다. 내게는 구스타프 말러의 교향곡 5번이 그러하다. 스트레스를 받았거나 기분이 저조할 때 말러 교향곡 5번을 들으면 폭풍과 같은 격렬한 금관악기의 포효 속에서 모든 것을 잊고 마음이 차분해진다. 말러 5번의 경우는 CD를 열 장 가까이 갖고 있는데, 지휘자에 따라 곡의 느낌이 확연히 달라 그 해석의 차이를 느끼고 즐기는 즐거움도 알게 되었다.

    "시를 읽어도 세월은 가고 시를 읽지 않아도 세월은 간다."고 했던 어느 시인의 말처럼 예술을 느끼고 즐기며 살아도 세월은 가고 예술을 모르고 살아도 세월은 갈 것이다. 선생님은 내게, 이전에는 미처 알지 못했던 예술이라는 새로운 세계가 있다는 것을 알려주셨고 또한 예술을 통하여 삶을 즐길 수 있음을 알려주셨다. 특히 발레의 세계, 더 나아가 현대무용은 선생님이 아니었으면 내가 접하기 힘들지 않았을까 싶다.

나는 많이 부족하지만, 과거에 적어도 선생님이 이끌어 보여주시는 세계에 눈뜨고자 하는 의지와 열망이 있었고 그 가운데서 '정신적 충만감'을 추구하였기에 선생님도 나를 가까이 하신 것이 아닐까 생각해 본다.

희카페의 초상, 그 정연한 아름다움

선생님 댁에 방문하기로 한 날이면 내가 도착하기 전 선생님은 그날 내게 주실 것이나 해야 할 말을 적은 메모 등을 작은 테이블 한쪽에 준비해두셨다. 내가 도착하면 곧 선생님은 커피콩을 갈아 정성들여 커피를 내리셨다. '희카페' 개점인 것이다!

무슨 일을 하든 확실하고 꼼꼼하게 하시는 것이 선생님 스타일이었으며 선생님의 희카페 커피에 대한 자부심은 대단했다. 선생님은 커피 잔에 이름을 붙이셨는데, "오늘은 로맨틱 잔에 줘야겠다." 또는 "오늘은 그레이스 잔에 마셔봐!" 하시며 희카페 커피를 대접해주셨다. 그러면 나는 현실에서 유리된 딴 세상에 와 있는 느낌이 들었고, 갓 내린 커피 향을 음미하며 희카페 커피를 즐겼다.

선생님은 말년에 거의 외출도 안하셨고 가족 이외에는 집으로 사람을 들이는 일도 없었기에 그 시기 희카페 커피를 마실 수 있는 사람은 내가 유일하지 않았을까 싶다. "은미만 이 맛있는 커피를 마시네." 하시곤 했으니까.

선생님 집 안에 있는 모든 사물은 한 치 오차도 없는 듯했다. 가구며 책이며 컵 하나하나까지, 모두 딱 제자리에 있었다. 나는 선생님의 작은 거실 한 벽면에 위치한 선반을 좋아했다. 그 선반에는 여러 가지 소품이 가지런히 놓여 있었다. 그 선반을 보고 있노라면 정말 카페에 와 있는 느낌이 들었고 정연한 아름다움이 느껴졌다.

디지털카메라가 일반화되면서 그 선반을 찍은 일이 있다. 선생님은 사진 찍는 것을 꺼려하셨는데 그래도 그것만은 허락해주셨다. 작품(?) 사진을 위하여 나는 좀 더 여러 장 찍고 싶었지만 무슨 사진을 그렇게 많이 찍느냐는 지청구에 내가 원하는 만큼은 찍지 못했다. 하지만 인화된 사진을 보여드리자 예의 그 예쁜 미소를 지으시며 "예쁘구나." 하시며 만족해하셨다.

그때 사진 찍어두기를 얼마나 잘했던가. 순간의 미학이여, 포착된 시간이여! 사진이 없다면 기억 속에서만 막연히 남아있다 점

점 희미해져갔을 텐데, 비록 인물 사진은 아닐지라도 그 사진을 보고 있노라면 그 순간이 고스란히 떠오른다. 선생님 댁은 흔히 볼 수 있는 작은 집(연립주택)이었지만, 선생님이 정성스레 내린 원두커피와 그 정연한 선반이 잘 어우러져 희카페의 독특한 분위기를 연출했던 것 같다.

언제부터인가 선생님은 내게 무언가 '선물'을 주려하셨고 무엇을 줄까 생각하고 있다 하셨다. 나는 선생님 댁에 갈 때마다 거의, 책이든 무언가를 조금씩 받았기 때문에 그 선물이라는 것에 대해 별로 신경 쓰지 않았다. 그러던 어느 날은 선생님이 물으셨다.

"내가 은미에게 선물하려는 게 뭔지 알아?"

"뭔데요?"

"커피 잔이야. 그러면 내가 가고 나서도 나를 기억할 수 있잖아."

"아이, 선생님도."

나는 아연실색했다. 선생님은 그렇게 나중 일을 생각하고 계셨던가.

"그런데 밖에 나가야 커피 잔을 사든 하는데 나가지를 못하니……."

결국 나는 선생님한테 커피 잔을 받지 못했다. 만일 선생님이

〈사랑하는 제자
  은비에게〉

붓신의 건강과

마음의 조신

그리고 놓은 꿈을
지행하는 지유로움

정선이 행서
운저의 경계칠

2006. 2. 3.
  이덕희

커피 잔을 선물해주셨다면 나의 티타임에 선생님은 항상 함께 하셨을 텐데 말이다.

선생님과 만나면서 나는 선생님에 대한 혜린의 말을 자주 떠올리곤 했다.

"덕희에게는 무서운 '불편한 힘'이 있다……불편한 존재야 너는……."

선생님의 높은 것을 지향하는 정신, 날카로운 지성, 끝없는 노력의 경주, 완벽을 추구하는 성향……. 이 모든 것이 나와 같은 범인凡人에게는 얼마나 불편한 것인가. 그러나 선생님은 진실했고 순수했으며 물욕物慾이 없었다. 그리하였기에 그 긴 세월 동안 나는 선생님과 관계를 이어올 수 있었던 것이 아닐까.

꿈속에서의 마지막 인사

선생님과의 만남 이십 년. 나도 그만큼의 나이를 먹었다. 어느 순간부터 선생님을 조금은 다른 시각으로 보게 된 것 같다. 나이 먹어감에 따라 어릴 때 보지 못했던 것을 볼 수 있게 되었다고 할까, 세상을 다각적으로 보는 눈이 생겼다고 할까, 인식에의 추구, 정신적인 삶만이 삶의 전부가 아니라는 것을 알게 되었다고 할까. 황홀의 마법은 풀렸는가. 서서히 나는 선생님에게서 '결여'를 보게 된 것 같다. 현실성 결여, 따뜻함 결여, 적어도 따뜻한 표현의 결여. 그러나 선생님의 그 예쁜 순수한 미소는 첫 만남 때와 같았고 그 미소를 사랑하는 나의 마음도 처음 때와 같았다. 내가 선생님을 만날 때마다 몸이 안 좋으신 가운데서도 한두 차례는 그 미소를 보여주셨다.

선생님 댁에 마지막으로 갔을 때 선생님께서는 이제껏 받으신 내 편지를 예쁜 끈으로 묶어 꺼내 놓으시며 다른 사람들 것은 정리하면서 다 돌려줬다고 하셨다. 선생님은 그렇게 당신 삶을 정리하고 계셨다. 이십 년이나 된 편지들을 보니 나도 감회가 새로웠고, 또한 그 편지들이 너무도 깔끔한 상태여서 선생님이 관리를 잘 하셨구나 생각했다.

"갖고 가고 싶으면 갖고 가."

말씀은 그렇게 하셨지만 내 느낌으로는, 선생님은 그 편지를 더 간직하고 싶어 하시는 것 같았다. 그 편지가 나(세상)와의 연결 고리라는, 적어도 그 편지 때문에라도 만남을 이어갈 수 있다는 생각을 하지 않으셨을까. 그러나 선생님은 선생님의 마음과 달리 당신이 받은 편지는 상대에게 돌려주어야 한다는 당신의 원칙에 충실하려 하시는 것처럼 보였다.

"제가 선생님께 드린 거잖아요. 선생님 마음대로 하실 수 있죠. 더 갖고 계세요."

나의 말에 선생님 표정이 밝아짐을 느낄 수 있었고, 선생님은 얼른 그 편지묶음을 방으로 가지고 가셨다.

2016년 8월 초 선생님 꿈을 꾸었다. 그런데 그 꿈은 좀 이상했다. 예전에 선생님이 꿈에 나올 때는 내용이 있었는데 이번에는 내용은 없고 한 번도 본 적 없는 표정을 한 선생님의 조용한 모습만 뇌리에 남아 있는 것이었다. 자고 있는 나를 가만히 내려다보고 있는 느낌이었다. 그리고 며칠 후 선생님의 부음을 들었다. 그러면 그때 그 꿈은 꿈이 아니었던 걸까. 선생님께서 이 세상을 떠나시기 전 내게 마지막 인사를 하러 오셨던 것일까.

나는 '영혼靈魂'에 대하여 별로 생각해 본 적이 없다. 그러나 그 꿈을 꾼 이후 영혼이 있는 것이 아닐까 생각하게 된다. 그 날의 선생님 모습이 그냥 단순한 꿈이었을지라도 하늘나라로 가시기 전 내 꿈에 나타나셔서 그렇게 편안한 마지막 모습을 보여주신 선생님께 감사한다.

귀인貴人과의
위대偉大한 만남

,

이은석

이덕희 선생님을 알게 된 것은 선생님의 번역서 《나의 누이와 나》를 1980년 대학교 2학년 때 읽고 강렬한 인상을 받고서다. 니체는 내가 고등학교 2학년 무렵 기독교라는 노예도덕을 배격하고 초인이 되어야 한다고 부르짖었던 사춘기 소년이 탐독했던 인물이었기에 나에겐 퍽이나 친숙한 상태였었다. 그렇다고 내가 무슨 심오한 사상가 수준에 이른 철학자 부류는 아니었고, 말 그대로 정신적 의지가 강한 인물을 좋아하는 그런 평범한 사람에 속했었다고 생각한다.

《나의 누이와 나》는 그 당시 베스트셀러로 선풍적 인기를 얻고 있었고 나는 그 책에서 니체의 충격적인 영혼의 고백을 접함과 동시에 역자인 '이덕희'란 인물에 대해서도 강렬한 인상을 받았다. '역자의 말'에서 방황하고 괴로워하던 젊은 시절 니체가 불어넣어 준 용기 덕분에 크게 빚을 지었고 그래서 '나의 영웅'이 되었다는 그 분의 고백을 읽으면서 나 자신도 충분히 공감했던 것이다. 그리고 치밀하면서도 깨알같이 달려 있는 역주를 보면서 독자의 지식을 심화시켜주는 역자의 지적 능력에 탄복하고 말았다.

니체에 관한 문의 편지 띄워 만나게 된 선생님

1983년 9월 말 군에서 제대한 후 복학하기까지 여유가 있을 때 1983년 출간된 정동호 교수의 《니이체 연구》를 읽다가 특이한 내용을 발견했다. 니체 학자 월터 카프만이 《나의 누이와 나》는 위작 僞作이며, 서투른 위조라고 주장했다는 것이다. 그러한 주장에 의문이 든 나는 《나의 누이와 나》를 출간한 홍성사에 물어 역자인 이덕희 선생님의 주소를 받아서 간단히 월터 카프만의 주장대로 그 책의 위작 여부를 알고 싶다는 편지를 보냈다.(1983. 4. 3)

이 선생님은 나의 편지를 받고 처음 듣는 내용이라며 만나 자

이덕희씨께

 이 편지를 받으시고 약간은 의아해하시리라 생각이
됩니다.
 저는 수년 전에 이덕희씨의 역서인 '나의 누이와 나'
를 읽었던 독자인데 이렇게 서신으로 인사를 드리게 되어
무척 기쁩니다.
 용건은 다름이 아니라 저는 얼마 전에 83년 11월에
출판된 총북대 정동호 교수의 저서인 '니이체 연구' 라는
책을 읽었읍니다. 그런데 그 책의 뒷부분에는 '나의
누이와 나' 라는 니이체의 자서전이 월터 카우프만에 의하여
위작이 판명되었다고 불리고 있읍니다. '나의 누이와 나'
라는 책에서 니이체의 인간적인 고백을 접했던 저로서는 그
의혹 여부를 알고 싶은 마음 간절합니다. 그래서 이덕희씨께서
저의 의문을 풀어주시리라 믿고 이렇게 감히 편을 듣는
것입니다.
 '니이체 연구'는 탐구당에서 출판됐음을 알려드리며
회신을 조급하게 기다리겠읍니다.
 안녕히 계십시오.
1984. 4. 3
                                          이 은 석 드림

세한 내용을 듣고 싶다고 하시면서 전화 연락처를 알려주셨고, 이후 광화문 사거리에 있었던 조그만 음반가게에서 만나 뵙게 되었다.

그 날은 평범한 대학교 3학년 학생 신분의 독자로서 역자를 직접 만난다는 설렘도 있었는데 도수 높은 두껍고 큰 뿔테 안경에다 어깨 위로 늘어뜨린 생머리의 이덕희 선생님을 뵈니 지적인 풍모를 확연히 느낄 수 있었다. 그 날 저녁 나누었던 대화는 자세히 기억할 수 없지만 선생님께서는 비록 독신이지만 자식뻘 되는 나에게 젊은 시절엔 학업뿐만이 아니라 예술, 철학 등 다양한 정신세계에 접하는 것이 좋다는 따뜻한 충고를 해 주셨다. 헤어지면서 월터 카프만 건은 선생님 나름대로 알아볼 것이고 앞으로도 좋은 정보 있으면 편지를 자주 하라는 말씀을 새겨듣고는 즐거운 마음으로 귀가했다.

그 후 나는 첫 편지를 인연으로 선생님께 간간히 편지를 드리게 되었다. 월터 카프만 건은 진척이 없다가 대학교 도서관에서 월터 카프만의 철학백과사전을 우연히 발견하고는 《나의 누이와 나》 관련 내용을 읽어 보게 되었다. 의문이었던 카프만의 주장은 정동호 교수가 단순히 그 내용을 책에다 요약했다는 것을 알게 되어 이제는 그냥 월터 카프만의 주장이려니 하고 그런 내용을 선생님께

편지를 드리는 것으로 그동안의 의문은 일단락 지었다.(1985.6.18)

스물다섯 살에 귀인을 만난다는 예언

니체에 관한 첫 편지 이후 나는 대학 4학년부터는 한 달에 한 통 꼴로 문학, 발레, 클래식 음악, 오페라 등 선생님께서 쓰신 저서나 역서를 읽으면서 접하게 된 주요 전문 분야의 감상 내용을 편지로 드리게 되었고, 나의 성의를 기특하게 여기신 선생님께서는 당신의 책이 나올 적마다 직접 주시거나 우편으로 보내주셨다. 그러한 과정에서 나의 미약한 취향은 선생님을 만나게 되면서 동기부여가 되다 보니 심미안이 높아지게 되었다.

　직장인이 된 이후에도 선생님과 서신 교환은 계속되어 내가 정선에서 근무하면서도 이어졌는데 '레코드음악'이라는 잡지도 정기적으로 보내 주시니 나는 감개무량하여 내용을 정독하곤 했다. 2년 후 거제도에서 두 번째 직장을 다니다 적성에 안 맞아 그만두기로 하고 회사 동기들과 마지막으로 점심을 같이 한다고 삼계탕 집에 간 일이 있었다. 식사를 마치고 나가려는데 갑자기 주인이 나를 잠깐 보자는 일이 생겼다. 나는 그 집 단골도 아니고 그냥 두 번째 갔을 뿐인데 의아스럽게 생각하면서 얘기를 들어 보았다.

주인은 내 인상이 좋아서 사주를 봐주고 싶다 하면서 안쪽 방에서 이것저것 물어보고는 직장을 한 군데 꾸준히 다녀야 좋다고 충고를 해주었다. 그런데 나는 그 전날 이미 사직서를 제출했던 터라 주인의 충고는 공염불이 되었고 씁쓸한 아이러니만을 되새긴 거나 마찬가지였다. 그리고는 하는 말이 스물다섯 살에 귀인貴人을 만나리라는 점괘가 나오는데 해당되는 사람이 있냐고 묻기에, 스물다섯 무렵이면 대학교 3학년인데 그렇다면 이선생님 말고는 다른 사람이 없으니 이선생님과의 만남은 과연 운명적인 것인지 곰곰이 생각해 보았다. 산 속에서 수행할 때 간첩으로 오인 받을 정도로 머리를 길러봤다는 주인은 인도에서 받았다는 요기 자격 명패도 보여주면서 앞으로 행복한 인생을 살라는 말에 고맙다고 인사를 하고 나왔다. 이선생님과 관련된 일화지만 선생님께는 말씀드리지 않고 간직했던 이야기다.

그레타 가르보 전기 구해 드리다

퇴직 후 나는 출판계에서 일하고 싶어 편집학원을 다녔지만 내가 원하는 출판사에 취직이 되지 않자 무료한 시간을 보내다 1990년 11월 동숭동 대학로의 '정신세계 책방'에서 도서카드를 작성하는 주급 아르바이트를 하게 되었다. 지금은 유명한 소설가 김연수 씨가 그 당시 대학생 신분으로 같이 일했던 그 책방은 말 그대로 출판사인 정신세계사에서 운영하는 곳인데 동·서양의 종교, 수행, 신비주의 등 정신 공부와 관련된 도서와 물품을 같이 전시하고 판매하는 곳이었다. 송순현 사장의 아이디어로 독자와 폭넓게 소통하기 위해 마련한 장소였으며, 멀리서는 청학동 한풀선사가 무사복장 차림의 말총머리 제자와 같이 둘러보기도 하는 서울의 명소이기도 했다.

그런데 나는 그 책방의 외서 판매대에서 그레타 가르보의 전기를 발견하고는 화들짝 놀라 책을 훑어보았다. '스웨덴의 스핑크스'라는 그레타 가르보가 1990년 4월 사망했는데 두꺼운 부피의 전기가 벌써 한국의 정신세계 책방에 있다는 것이 신기했다. 나는 안홍균 실장에게 그 책을 보관하고 판매를 보류하고 있다가 이덕희 선생님에게 판매할 수 있도록 부탁했다. 내가 이선생님께 알려 드리니 즉각 반응하시고는 결국 그 책을 구입하셔서 다른 참고도서를 보신 후 '여성동아'에 1991년 5월부터 12월까지 그레타 가르보에 관한 글을 연재하셨다. 나는 몇 가지 기사자료를 제공해 드린 덕분에 그 글이 단행본《신화 속의 여배우 그레타 가르보- 그 신비의 베일을 벗긴다》로 출간됐을 때 저자 서문에 출간 정보 및 자료 제공자로 이름이 올라가는 영광을 얻었다.

'위대한 만남' 편집자로 선생님과 만남 이어가

아르바이트가 끝나고 잠깐의 공백을 거쳐 1991년 출판과는 관련 없는 한국가스공사에 취직했다. 그런데 편집 공부가 계기가 되었는지 모르겠지만 나는 무료한 부서를 떠나 홍보실에서 '한국가스' 사보담당자로 일하게 되었다. 한 달에 한 번씩 60쪽 사보를 기획하고 외주 디자인 업체에 맡겨 편집하게 한 뒤 교정 후 인쇄소로 넘기는 일을 3년 반 정도 했다. 이때 이선생님께서 '위대한 만남'을 주제로 한 기획을 제의하셨다. 저자와 독자라는 단순한 관계를 떠나 이제 편집자 자격으로 선생님의 원고를 받게 되니 무언가 영광스러운 일을 하게 되어 엄청 기뻤을 뿐만 아니라 특급 대우로 원고 한 장 당 만 원이라는 원고료를 드리게 되어 선생님께 도움을 드린 것 같아 스스로 대견하다는 생각이 들었다.

다양한 분야의 위대한 인물이 인생의 중요한 계기를 마련했던

만남 이야기를 1992년 중반 무렵부터 1년 5개월간 쉬지 않고 '한국가스'에 연재했다. 나는 선생님의 원고를 받기 위해 한 달에 한 번씩 동숭동 대학로의 학림다방으로 가서 선생님과 만남을 즐겼다. 차와 식사를 함께하면서 원고와 관련된 내용을 경청하고, 필요한 사진을 구해 원고와 같이 실으라고 부탁하시면 브리태니커 백과사전도 뒤져보고, 헨리 데이비드 소로의 자료를 구할 때는 미국문화원도 방문했다. 선생님은 이런 나의 노력을 칭찬하셨는데 특히 '스타니슬라프스키와 네미로비치-단첸코' 편에서는 스타니슬라프스키와 부인 릴리나가 안톤 체호프와 같이 찍은 사진의 영문 해설이 분명치 않으니 번역을 해보라고 하셔서 나름대로 번역해 보여 드리니 확실한 내용이 됐다며 칭찬을 아끼지 않으신 적도 있다. '샬리아핀과 마몬토프' 편에서는 러시아 철도왕 마몬토프의 사진을 구하지 못해 안타까워 하셨다.

아무튼 '위대한 만남'을 연재하면서 이덕희 선생님을 1년 5개월 동안 지속적으로 만나게 되니 나에게는 또 하나의 위대한 만남이 생긴 거나 마찬가지였다. 그 기간은 편지를 드릴 필요가 없었으므로 자연히 서신 교환의 공백기로 남아 있다. 연재가 끝난 후 1995년 《위대한 만남》으로 단행본이 나왔을 때도 마몬토프 사진은 빈 공간으로 남아 있다가 2010년경 인터넷에서 사진을 구해 드리니 무척 반가워하셨다. 《위대한 만남》은 선생님 저서 중 에세이를 빼고는 일반 독자가 가장 친근하게 접근할 수 있는 교양서적이나 유일하게 재쇄를 못 찍은 책이라 아쉽던 터에 마몬토프 사진을 얻게 됐으니 선생님께서는 재출간 의욕이 살아나셨을 것이다.

    선생님을 회상하면서 김범수 선생님을 빠뜨릴 수가 없다. KBS 제1FM '클래식 광장'을 진행하셨던 음악평론가 김범수 선생님은 음악을 매개로 이덕희 선생님과 친하셨는데 광화문 근처에서 선생님을 만날 때 김범수 선생님과 합석하게 되어 알게 되었다. 그때가 선생님을 만난 지 2년 전후였는데 소박한 성품의 김선생님은 교보빌딩 사무실에서 다이어리에 그린 알록달록한 색볼펜 그림도 보여 주시면서 다정다감하게 대해 주시곤 하셨다. 인연은 거기서 끝나지 않고 여러모로 내게 격려를 아끼지 않으셨는데 내가 결혼할 때 김선생님께 주례를 부탁드렸으니 은혜를 많이 입은 셈이다. 그러나 2004년 갑작스럽게 57세를 일기로 돌아가시게 되어 장례식 참석도 못 하게 된 것이 송구스러울 뿐이다. 선생님은 장례 후 연락을 받으셨고 나도 이선생님을 통해 별세 소식을 듣고는 상도동 약수암을 방문해 처와 함께 명복을 비는 조화를 올려 드렸지만 황망함은 이루 말할 수 없었다.

육체의 고통을 정신으로 감내하는 강한 의지력

선생님께서는 편지마다 답장을 모두 다 하시지는 않으셨지만 상황에 따라 성의껏 그림엽서에다 간단히 용건 위주로 답을 하셔서 내가 갖고 있는 것은 40통쯤 된다. 2002년 무렵 선생님은 그동안 나에게 받은 편지를 보라색 리본으로 묶어 그대로 되돌려주셨다. 연하장을 포함하여 88통인데 1984년 4월 3일자부터 시작해서 2001년 5월 28일자로 끝나는 편지들이었다. 선생님께서는 나에게 혹시 나중에 정신 편력기를 쓰게 되는 경우 필요할까봐 소중히 모아 뒀다가 주시는 거라면서 당신의 건강이 안 좋은 상태이기 때문에 못 주게 되는 불상사를 방지하기 위해 지금 주신다는 말씀을 덧붙이셨다. 바쁜 가운데 때로 선생님의 저서 감상문을 써서 한 달에 두 통씩 부칠 만큼 편지를 자주 보낼 때도 있었지만 내가 봐도 꽤 많은 편지를 드렸다는 생각이 들었다. 내가 무슨 자서전을 쓸 만한 위인도 아닌데 선생님께서 그렇게 배려해 주시니 감사하다고 말씀드리기는 했지만 한편으로는 선생님 건강이 걱정되었다.

처음 뵀을 때 마흔 여덟이셨으니 그때도 체질적으로 신경계통이 안 좋으신 상태였는데 선생님께서는 육체의 고통을 지닌 채 정신의 의지로 삶을 사신 분이었다. 내가 선생님을 존경하는 가장 큰 이유는 바로 그 일상적인 육체의 고통을 감내해내는 정신의 의지였다. 연세가 계속 들어가셔도 선생님의 명료한 기억력은 또렷하셨다. 언제부터인가 편지 답장을 쓰시기 어렵게 되자 전화 통화로 대신했고 그럴 때마다 나는 수첩에 통화 기록을 메모해야 선생님의 기억력에 부응할 수 있겠다고 생각했다.

결혼 후 지방 생활을 많이 하다 보니 선생님을 많이 챙겨 드리지 못했는데 다행히 제자분이나 동생분이 계셔서 안심이 되기도 하였다. 어떻게 보면 꼬장꼬장하신 성격이시라 내가 가까이 있어도 큰 보탬이 될까 생각도 했지만 주말부부를 많이 했던 나를 걱정해 주시는 선생님께 좋아하시는 죽로차라도 선물해 드리면 덜 송구스러울 것 같아 돌아가시기 전까지 몇 년 동안 계속 보내 드렸다.

2009년 2월 직접 만나 뵌 뒤로는 건강이 안 좋으셔서 1년에 한두 통의 편지와 통화만 했는데 2014년 회사를 그만둘 때까지도 선생님께서는 평소에 책 많이 읽으라고 하셨으니 선생님의 삶은 글쓰기와 독서가 전부인 셈이었다. 건강상 글쓰기와 독서가 어려워지자 스스로 "글쓰기와 독서가 없는 이덕희의 삶은 죽은 거나 마찬가지"라고 말씀하시곤 하셨다. 선생님께서는 글 쓰는 직업을 사시면서 자기 분야에서 열심히 노력하는 사람은 성공할 수 있도록 최대한 배려를 하셨는데 반면에 대충대충 일하는 사람에게는 무섭도록 다그치는 그런 일면도 있으셨다. 완벽주의자로 사신 이덕희 선생님이라면 이해될 수 있다고 본다.

마지막 통화에서도 지적 호기심 잃지 않아

2016년 4월 29일 선생님께서 전화하셔서 《위대한 만남》과 관련된 부분을 확인코자 하니 릴케의 《말테의 수기》 중에서 이탈리아 여배우 엘레오노라 두제 관련 부분을 복사해 달라고 하시면서 재출간하면 마몬토프 사진 제공자로 내 이름을 올리겠다고 말씀하셨다. 혹시라도 사후가 되면 유언으로라도 남기겠다고 말씀하시니 반가우면서도 괜히 사후라는 말씀이 마음에 걸리었다. 마침 도서관이었으므로 관련 부분을 복사하고 교보문고에서 《말테의 수기》 2013년 인쇄본을 구입했다. 그런데 일 주일 지나 인터넷에서 혹시라도 마몬토프 자료가 있나 검색했더니 마몬토프와 아브람체보의 새로운 자료가 있어 컬러 인쇄하여 《말테의 수기》 복사 자료와 함께 편지를 넣어 우편으로 보내 드렸다.

   5월 15일 마몬토프 자료를 받으신 선생님께서는 사진의 질이 너무 좋다면서 인쇄종이에 관해 자세히 물으시고는《말테의 수기》 독후감과 릴케와 카프카를 비교한 나의 편지 내용을 언급하시며 《두이노의 비가》가 좋은 작품이니 읽어 보라고 권하셨다. 아울러 《고조선은 대륙의 지배자였다》도 읽어 보라 하시고는《천부경》은 어떤 것인지 물어 보셨다. 건강이 안 좋으셔도 지적 호기심은 놓지 않으시니 정말로 대단하신 분이다. '오늘은 여동생이 반찬을 갖다 주는 날'이라 기다리신다며 아래층 사람들이 소음과 음식 냄새를 수시로 발생시켜서 고통스럽다고 말씀하시면서 몸도 안 좋으니 차라리 죽음이 더 편할 거라고 하시니 나는 드릴 말씀이 없었다. 건강하시라고 인사드리고 통화를 끝냈는데 그것이 선생님과 나눈 마지막 통화가 될 줄은 상상도 못 했었다. 선생님께서는 마지막 통화한 지 약 석 달 후인 8월 11일 새벽 2시에 돌아가셨다. 나는 장례식이 치러지는 당일 조선일보 부고를 보고 벽제 화장장의 마지막 가시는 길에 참석할 수 있어서 다행이었다.

이덕희 선생님께서는 팔십 평생 정신으로 사시면서 한국의 척박한 문화·예술계에 심오한 지식과 영향을 남겨 주셨으니 선생님 책을 접한 일반인과 문화·예술계 분들은 나를 비롯하여 누구나 그 분의 업적을 마음깊이 새겼다고 믿는다.

한 동네에 살았던
영혼의 스승

,

조여나 [피아노 교사]

위령 성월(가톨릭교회에서 11월은 세상을 떠난 이의 영혼을 특별히 기억하며 기도하는 달) 아침마다 세상을 떠나신 부모님과 이덕희 선생님을 위해 위령 기도를 하면서 더욱 선생님 생각이 나고 그립다. 내가 선생님을 처음 알게 된 것은 부조니 콩쿠르 출신 재미 피아니스트 이윤수가 2003년 한국에서 첫 피아노 연주회를 열면서 선생님께 초대장을 보내면서부터다.

    나와 같이 피아노를 공부하던 친구 하은경이 미국으로 가 이윤수의 미국 매니저(후원자)가 되었는데, 친구는 이덕희 선생님의 열렬한 팬이어서 이윤수의 연주회에 선생님을 꼭 초대하고 싶어

했다. 미국에 있는 친구를 대신해 내가 선생님께 초대 편지를 쓰게 되었는데 주소를 보니 바로 우리 동네 아닌가. 세상에 우연은 없다고 하신 선생님 말씀대로라면 선생님과 내가 한 동네에 살고 있는 것이 어떤 의미였을까?

이후 선생님은 나를 친구로 대접해주셨다. 하지만 선생님은 나를 영적으로 이끄는 스승으로 내게 뜻 깊은 선물을 많이 주셨다. 선생님이 쓰신 책은 거의 다 주셨는데, 안타깝게도《위대한 만남》은 남은 책이 없다면서 일부 글을 복사해 주셨다. 그 중 프랑스의 유명한 가톨릭 작가 레옹 블루아와 그와 같은 동네에 살며 그를 가톨릭 신앙으로 이끈 쥘 바르베 도르빌리의 만남, 그리고 선생님과 생일이 같았던 시몬느 베이유와 패랭 신부의 만남은 큰 감동을 주었다.

선생님이 주신 책 외에 다른 인쇄물은 따로 파일을 만들어 간직하고 있는데 읽어볼 때마다 내 영혼을 한 단계 끌어올려주는 느낌이다. 선생님은 또 그레고리오 성가 외 다른 음악 CD도 주셨는데 요즘 주일 아침마다 그 성가 음악을 들으면서 성가 선율처럼 맑고 깨끗한 선생님의 영혼을 떠올리곤 한다.

육체의 고통에도 깔끔함 잃지 않았던 선생님

선생님의 자상한 성품으로 한번 인연 맺은 젊은 피아니스트 이윤수에 대해서도 각별하게 생각하셨다. 그의 연주를 좋아해 그의 연주 활동에도 관심을 기울이셨다.

언젠가 내가 아프다는 소식 들으시고 보내주신 편지봉투 안에는 "육신의 건강, 마음의 평화, 영혼의 정복淨福……을 누리는 매일 매일이 되기를! 2007. 2. 11. 이덕희"라고 쓰신 메모와 영국 시인 조지 허버트의 〈사랑〉이라는 시가 들어 있었다. 내가 선생님께 바라는 것을 선생님도 내게 바라셨던 것 같다.

선생님이 하신 말씀이 떠오른다. 정신적인 고통은 다른 사람이 어느 정도 이해할 수 있지만, 육체의 고통 즉 몸이 아픈 건 남이 조금도 알 수 없는 거라고. 돌아가시기까지 혼자서 얼마나 많이 아프셨을까, 얼마나 외롭고 힘드셨을까 생각하면 자꾸만 눈물이 난다. 내가 가까이 산다고 하나 깔끔한 선생님은 다른 사람의 도움도 쉬 받지 못하는 성품이었다. 그래서 나는 가끔 선생님이 매일 빼놓지 않고 드시는 토마토와 바나나, 복숭아 등 좋아하시는 과일을 드릴 때면 더욱 조심스러웠다. 선생님 댁 문간에 과일바구니를 살며시 놓아두고 나중에 전화로 알려드리곤 했다. 선생님은 비록 성당

에 나가시지는 않으셨지만 가톨릭 신앙에 대한 남다른 마음은 가지고 계셨다고 생각한다.

　　외롭게 지내셨을 선생님이지만 그래도 나는 하느님께 감사드린다. 선생님이 어려서부터 하도 깔끔해서 선생님 어머님께서 "너는 네 무덤도 네 손으로 파야 직성이 풀릴 애다!" 이렇게 말씀하셨다고 한다. 그렇듯 깔끔한 선생님이 다른 사람 시중 티끌만큼도 안 받고 깨끗이 마무리하고 떠나게 해 주셨으니.

　　선생님! 부디 천상 낙원에서 부모님과 함께 영원한 행복 누리세요.

전혜린과 이덕희,
아웃사이더의 죽음

,

정찬 [소설가]

'죽음은, 누구의 죽음이나 엄숙한 사실이다. 더구나 그것이 의식적으로 선택되고 논리적으로 사유된 결과인 경우, 우리는 무엇이 그를 죽음에 던져 넣는가를 알고 싶어 해도 마땅할 것이다.'

전혜린은 이 글을 쓰고 며칠 후(1965년 1월 10일) 죽었다. 향년 31. 공식 사인은 수면제 과다복용이었다. 그녀의 '소울 메이트'로 훗날 〈전혜린 평전〉을 쓴 작가 이덕희는 죽음 하루 전 전혜린을 단골다방 '학림'에서 만났다. 전혜린이 '세코날 마흔 알을 흰 것으로 구해 좋아 죽을 지경'이라고 말했을 때 조금도 이상하게 생각하지 않았다. 그들은 불면증으로 수면제를 상용했고, 때때로 신경을 마취시키기 위한 '매개물'로 이용하고 있었기 때문이다.

"혜린의 죽음을 처음 전해 들었을 때 한순간 경악했지만 어쩐지 모든 것을 이해할 수 있을 것도 같았다. 그러나 회고컨대 그 당시 나를 지배한 것은 슬픔이 아니었다. 내가 생각해도 이상할 만큼 나는 그때 전혀 울지 않았다. 오히려 뭔가 괘씸하다는 생각이 들었다는 게 정직한 고백이다. 뭔가 그녀에게 이니셔티브를 뺏겨버린 것 같은 묘한 감정이 한동안 나를 지배한 것이다. 그녀의 상실로 인한 아쉬움과 그리움을 실감하게 된 건 아주 뒷날의 일이다."

당시 스물아홉 살이었던 이덕희는 자살을 꿈꾸고 있었다. 그녀의 이십대는 '절대와 완전에 대한 과대망상적 집착'으로 점철된 시절이었다. 어떤 것이 아니라 모든 것을 알고 싶었고, 무엇이나 다 되어보고 싶었고, 온갖 것을 다 사랑하고 싶었다. 삶의 모습이 날아오르는 자세일 수밖에 없었다. 그런 그녀에게 삼십대란 힘의 한계를 깨닫는 시간, 온갖 가능성 대신 한 가지 확실한 것을 선택해야 하는 시간, 날아오르는 자세에서 발을 땅에 내려놓아야 하는 시간이었다. 이덕희가 스물아홉 살까지만 살기로 맹세한 까닭은 여기에 있었다. 그런 상황에서 전혜린의 죽음이 벼락처럼 그녀를 내려친 것이다.

날지도, 안착하지도 못한 자세

내가 이덕희와 교유하기 시작한 것은 1990년대 초였다. 당시 50대 중반이었던 이덕희는 그때까지도 발을 땅에 내려놓지 못하고 있는 것처럼 보였다. 정신의 한계를 몰랐던 20대 시절에는 별을 향해 날아오르는 자세를 취할 수 있었지만, 정신의 한계를 무섭도록 느끼는 데다, 건강을 잃어 육신의 눈치를 보고 있던 50대 중반의 그녀에게 날아오르는 자세를 취한다는 것은 불가능했다. 땅에 발을 디딜 수도, 날 수도 없는 존재가 취할 수 있는 자세는 무엇일까? 그것이 어떤 형태의 자세이든 일상인에게 낯설고 이상하게, 때로는 기이하게까지 보였을 것이다. 그런 실존적 상황이 그녀로 하여금 사람과의 관계를 끊고 책과 음악 속으로 들어가 망자의 혼들과 함께 살아가게 했다.

글을 쓰지 못하면 죽은 목숨이라고 했던 그녀가 건강 악화로 글을 거의 못 쓰게 된 것은 70세로 들어서면서였다. 시력이 약해져 책을 제대로 보지 못하는 것도 견디기 힘든 고통이었다. 만성적인 수면 부족에 시달렸던 그녀에게 환청 증세까지 생겨 짧은 잠마저 잠식당했다. 그녀가 유일하게 누리는 호사는 커피였다. 억지로 하루 한번 식사를 하는 것은 커피를 마시기 위해서였다. 오래전부터 그녀는 나에게 죽고 싶다는 말을 자주 했다. 육신이라는 지옥 속에 갇혀 있는 것 같다고 했다.

이덕희가 숨을 거둔 것은 지난 8월 11일 새벽이었다. 향년 79. 사인은 영양실조로 인한 폐렴이었다. 의사의 말에 따르면 육신이 그녀의 뼛속 영양소까지 앗아가 뼈가 녹아내렸다고 했다. 전혜린이 선택한 죽음과 극단적으로 다른 형태의 죽음이었다. 그녀는 자신의 남루한 방에서 홀로 그렇게 죽어갔다. 누구의 시선도 없이.

이십대 시절 이덕희는 세코날을 상습적으로 복용했다. 여섯 알 이상 먹으면 생명에 위험을 초래할 수 있음에도 열 알까지 먹은 적이 있었다. 심지어 어떤 날은 몸 안에서 작용하는 세코날의 양에 따라 의식이 어떤 상태로 변하는지 너무 궁금해 일기장을 펼쳐놓고 직접 실험까지 했다. 그런 그녀가 뼈가 녹아내리는 참혹한 상태에 이르도록 생명의 끈을 놓지 않았던 이유는 무엇일까? 무엇을 보려고 삶과 죽음 사이, 그 아득한 심연 속으로 그토록 깊숙이 들어갔을까? 그리고, 무엇을 보았기에 죽음의 얼굴이 그토록 평안하고 아름다웠을까? 영원히 알 수 없는 일이다.

마지막까지 학림을 위해
기획안을 준비하신 '학림의 비품'

,

이충열 [학림다방 대표]

내가 학림을 맡은 지도 어언 30년이 지났다. 서울대와는 아무 상관도 없는 내가 학림을 새로이 열어, 이곳에서 30년을 보낸 것을 생각하면 신기하기만 하다. 30대 중반 이후 내 인생은 학림과 함께였으니, 어쩌면 학림은 내 운명에 예정돼 있었던 건지도 모르겠다.

일본식 목조건물이었던 예전 학림다방에 한번 들른 적이 있다. 삐걱거리는 나무 층계를 걸어 올라간 학림다방은 여느 다방이 아니라 서울대생의 아지트이자 이방인은 범접하기 힘든 그들만의 성역이었다. 나도 대학생이었지만 그곳 분위기에 그만 주눅이 들어 그냥 앉아 있다가 나왔다. 내가 뒷날 학림의 주인이 되리라곤 물론 상상도 하지 못했다.

　1975년 서울대가 이전하면서 학림다방도 곡절을 겪었다. 주인이 건물을 모그룹의 사장 부인한테 팔았고, 그 부인은 이를 임대했다고 한다. 마침 지하철 4호선 건설이 시작되면서 건물에 균열이 가니 안 그래도 낡은 건물을 헐고 다시 지었다. 많은 이들이 학림, 학림 하니 주인은 학림이라는 이름을 살리고 싶어 새로 지은 2층을 학림다방으로 임대했다고 한다. 학림의 천장이 높은 건, 새로 지을 때 마리오네트 공연을 할 수 있도록 하기 위해서였다고 한다. 그러나 서울대가 떠나고 난 뒤 학림은 장사가 잘 안 되었다.

　마지막으로 학림은 무용가와 몇몇 사람이 공동투자로 인수해 경영을 위탁했는데, 이번에는 경양식 집으로 변모했다. 클래식음악 대신 유선방송에서 가요와 팝, 클래식이 섞여 나오고 나팔바지를 입은 웨이터들이 시중드는 곳이었다. 새 건물에 학림이라는 이름을 내건 가게가 문을 여니 반가워서 찾아온 예전 학림 단골들은 생소한 분위기에 실망해 돌아가곤 했다.

'이덕희 선생님도 언젠가는 여길 찾으시겠지'

내가 카페를 시작하게 된 것은 우연이었다. 대학을 졸업하고 명동과 종로로 사진을 찍으러 다녔는데, 형이 방배동에 얻어놓은 당구장이 허가가 안 나온다며 카페를 하자고 했다. 내가 카페 인테리어 사진을 많이 찍었으니 카페로 만들 수 있다고 생각한 것이다. 위치가 워낙 좋질 않아 장사는 안 될 것 같았지만, 젊은이들이 쉴 수 있는 곳을 마련하자는 취지로 카페를 꾸미게 됐다. 방배동은 부자동네였지만 외로운 부잣집 아이들이 이 카페를 자주 찾았다. 아이들 스스로 판을 고르고 서빙하면서 카페는 그 아이들의 놀이터처럼 변했다. 그때 아르바이트하던 아이 중 한명이 뒷날 나를 찾아와 학림을 해보라고 권해왔다.

나는 학림을 다시 찾았다. 예전처럼 삐걱거리는 나무층계를 올라가는 느낌이 정말 좋았다. 대학 시절 찾았던 학림을 이렇게 다시 찾게 되다니 기분도 묘했다. 당시 나는 연신내에서 카페를 하고 있었는데, 학림을 보자 마음이 가서(내 가슴에도 예전 카페에 대한 추억이 있었던가?) 연신내 카페 보증금 500만 원을 당장 빼서 학림을 맡게 되었다. 1987년 3월이었다.

당시 학림은 경양식집이었고, 지난해 크리스마스트리가 3월 말인데도 여전히 놓여 있었다. 나는 학림 열쇠를 받자마자 직원들을 내보내고 청소를 시작했다. 아침부터 밤늦게까지 학림을 새로

꾸미면서 탁자를 붙여놓고 자면서 일했다. 그런 강행군에도 재미가 났다. 그런 걸 보면 학림과 나는 인연은 인연이었나 보다.

내가 맡아 문을 연 학림다방은 예전처럼 커피에 클래식음악을 되찾았다. 그러자 하나둘 옛 손님들이 찾아오기 시작했다. 모두 학림에 얽힌 학창시절 추억을 이야기하며 기뻐했다. 그런 손님들을 보는 나도 물론 기뻤다. 학림의 단골 여손님들은 모두 전혜린 팬이었다. 전혜린을 이야기하다보면 당연히 이덕희 선생님 이야기도 나오게 된다. 젊은 사람들은 전혜린밖에 모르지만, 학창시절 학림을 드나들었던 사람들은 '학림의 비품'으로 통했던 이덕희 선생님을 기억했다. 나 역시 이선생님이 쓰신 《전혜린》을 읽으며 '언젠가는 이선생님이 오시겠지.' 굳게 믿고 기다렸다.

다시 이덕희 선생님의 거점이 된 학림

아마 1980년대 말이었을 것이다. 소설가 정찬 선생의 손에 이끌려 이선생님이 학림을 찾으신 것이. 사실 이선생님은 경양식으로 변한 학림에 한번 들렀다 크게 실망하여 이 주변은 얼씬도 하지 않으셨다고 한다. '학림의 비품'이었던 분이니 실망도 그만큼 컸으리

라. 이선생님은 변해버린 학림을 보는 게 힘들어 일부러 대학로를 피해 다른 길로 다니셨다고 한다. 그러니 내가 맡고 학림이 바뀐 사실을 모른 이선생님은 학림을 아예 찾지 않으셨던 거였다.

정찬 선생과 학림, 그리고 이덕희 선생님은 참 묘한 인연을 갖고 있다. 이선생님이 학림을 다시 찾게 된 것은 순전히 정찬 선생 덕분이다. 당시 정찬 선생은 동아일보 출판국에 근무하면서 이선생님의 담당기자로 교유하셨고, 마침 집도 쌍문동 방면으로 같아서 가끔 저녁을 함께 하고 술도 한잔 하시곤 했다. 대학로에서 수유동 가는 버스를 타는데, 정찬선생님이 학림에 올라가 차 한잔 하자고 권했던 모양이다. 물론 이선생님은 경양식집 학림을 기억하며 손사래를 치셨고. 이에 정찬선생이 한번 확인해보겠다며 층계를 올라와 클래식음악이 흐르는 찻집으로 바뀐 것을 보고 이선생님을 모시고 올라온 것이었다.

선생님을 보자마자 나는 마침내 이덕희 선생님이 오신 것을 알았다. 언제나 기다려온 선생님을 못 알아볼 리가 있겠는가.

"이덕희 선생님 아니세요?"

선생님을 보고 내가 먼저 물었다.

"후배세요?"

내가 자신을 알아보자 선생님은 내가 서울대 후배라고 생각하셨던가 보다. 아니라고, 학림을 맡은 사람이라고 소개하자 선생님은 "여기가 왜 이리 변했지?" 하며 좋아서 놀라는 표정이었다. 선생님은 옛 분위기를 되살려놓은 것을 기특하게 여기셨다. 그때만 해도 선생님은 기운이 넘치는 태도를 잃지 않으셨고, 잡지에 글을 쓰고 책도 내는 등 왕성한 활동을 하셨다. 자연히 기자와 출판계 사람들을 만났는데, 선생님의 약속장소는 언제나 학림이었다. 학림은 예전처럼 선생님의 거점이 된 것이다. 선생님은 학림에서 사람을 만나 차나 커피를 드신 후 나가서 저녁 식사와 술 한잔을 하신 다음 다시 학림에 들르시곤 했다. 식후에는 커피에 크림이 풍부하게 올라간 비엔나커피도 곧잘 드셨다.

물론 새로운 이덕희 전용석도 생겼다. 예전처럼 아무도 앉을 수 없는 곳은 아니었지만, 선생님은 안쪽 창가자리를 선호하셨다. 한 자리를 고집하는 이는 또 있으니, 백기완 선생도 언제나 같은 자리에 앉곤 하신다.

옛 단골이 새 학림으로 다시 모이다

학림은 이선생님뿐만 아니라 동숭동에서 서울대를 다녔던 사람,

대학로에서 연극하는 사람, 문화계 인사들이 자주 찾는 곳이 됐다. 한번은 김민기씨가 왔기에 내가 슬며시 김민기씨 판을 올리자 김민기씨가 화를 내었다. 그러나 이것이 계기가 되어 김민기씨와는 같이 수영도 다니면서 친하게 지내는 사이가 되었다. 이선생님과 김민기씨, 그리고 나도 집이 도봉과 쌍문동 쪽이라 때로 두 분은 학림이 문 닫는 시간까지 기다리곤 했다. 내 차를 타고 갈 요량에서였다. 두 분은 내 차 안에서 싸운 적도 있다. 기가 대단한 두 분이, 그것도 김민기씨 어머니가 병환중이서 예민해진 상태여서 부딪힌 것이었다. 물론 감정싸움이 아니라 논쟁이었지만. 아무튼 그 때문인지 논쟁 직후 한동안 이선생님의 발길이 뜸한 적도 있었다.

    학림에는 시인과 소설가, 사진작가와 음악을 사랑하는 교수들도 모였다. 세상은 좁은 곳이어서 당사자는 서로 몰라도 나를 거치면 모두 연관이 되는 것이 세상이었다. 학림다방은 주인이 이끌어가는 가게가 아니라 손님이 중요한 가게다. 몇 년 전 텔레비전 드라마 무대가 되어 중국인 관광객이 몰려들고 SNS 덕분에 젊은 애들까지 찾아주어 고맙지만, 내게 중요한 것은 언제나 학림을 찾아주는 옛 단골손님들이다. 유행을 좇아 찾아오는 손님들은 왔다가 가지만 학림에 추억이 있는 사람들은 언제나 찾아주는 소중한 손님들이기 때문이다.

내가 학림을 맡은 1980년대와 1990년대는 옛날처럼 클래식들을 곳이 귀한 시대는 아니었지만 오디오광들이 생겨나고, 레이저 디스크로 연주모습까지 볼 수 있어서 학림은 활기가 있었다. 콤팩트디스크가 나온 다음에도 턴테이블로 LP판을 틀었으니 음반애호가나 오디오광들이 좋아했다. 물론 34인치 배불뚝이 화면으로 튼 레이저 디스크도 환영을 받았다. 서울의대 오케스트라단원들은 연습이 끝나면 몰려와 레이저 디스크를 감상했다. 경향신문 사장을 지낸 신태민 선생이 미국 이민 갔다가 오셨는데 레이저 디스크로 3테너 공연을 보시고는 "와!" 하고 감탄을 터뜨리셨다.

한번은 레이저 디스크로 영화 〈베니스에서 죽다〉를 이선생님과 몇 분이 감상하셨는데, 도중에 끊기는 사태가 일어나기도 했다. 선생님이 말러와 토마스 만을 다 좋아하셨겠지만, '베니스에서 죽다'는 뒷날 정찬 선생이 쓴 소설의 제목이 되었다. 이선생님을 모델로 한 그 소설에 학림과 나도 등장하는 영광을 얻었다.

1980년대와 90년대는 70년대의 낭만보다는 연일 시위로 시끄러운 시대였다. 시위학생들이 최루탄에 쫓겨 학림으로 올라오면 셔터 문을 내리곤 했다. 그 시대 젊은이들은 열정이 가득했다. 어느 때보다 격정적인 한 시대를 학림에서 목도하며 나는 시위현장 사진을 찍어 학림 3층 암실에서 현상작업을 했다. 연극하는 이들도 내게 이런저런 사진을 찍어 달라 부탁해와 나는 가게운영과 함께 바쁜 나날을 보냈다. 나의 30대와 40대는 그렇게 뜨겁고 바쁘게, 그리고 수많은 인연이 계속 확장되면서 지나갔다.

그때만 해도 신청곡을 틀어주는 시절이어서 어쩌다 손님이 원하는 곡의 음반이 없으면 바로 아래층에 있는 '바로크' 음반가게로 내려가 구해 와서 틀어주었다. 한번은 미국에서 엽서를 보내왔는데, 음반을 사서 틀어준 것에 감사하는 내용이었다. 그런 것이 바쁜 가운데 나의 보람이라면 보람이었다.

이선생님의 커피와 새 모이와 책

학림을 처음 시작할 땐 클래식음악과 분위기가 중요했다. 커피 맛까지는 신경을 못 썼는데, 하루는 일본인 손님이 나가시면서 "분위기는 매우 좋은데, 커피까지 맛있었으면……"이라고 해서 내가 어떻게 하면 되느냐고 물었다. 그분은 산요 한국지사장으로 삼성전자 고문으로 활동하고 있어 우리말도 아주 잘 하셨다. 자기 집에 오라고 해서 갔더니 로스팅하는 것을 보여주었다. 그것이 계기가 되어 커피에 관심을 갖게 되고 일본에 가서 로스팅 기계도 사와 로

스팅을 시작하고, 비엔나커피와 함께 학림의 또 다른 간판이 된 치즈케이크 만드는 법도 배워왔다.

　당시는 대학로에 스타벅스가 들어오기도 전이었다. 가게 안쪽에 로스팅 기계를 놓고 볶았는데, 연기가 나니 가게 문을 닫은 늦은 밤에 볶아야 하고, 한번에 1킬로그램씩밖에 못 볶았다. 기계가 작았기 때문이다. 그래도 맛은 좋았다. 나중에 원두커피 붐이 일면서 일본이나 우리나라는 단종 커피 위주로 발전했지만, 나는 블렌딩으로 커피를 냈기 때문에 단종 커피보다 신선함을 유지하기에 유리했고 풍부한 맛을 낼 수 있었다고 믿는다. 학전소극장을 연 김민기씨가 독일 연극인들을 데리고 온 적이 있는데, 독일인들도 커피 맛에 깜짝 놀랐다. 카페마다 나름대로 블렌딩한 커피 맛을 선보이는 유럽 사람들이 내 커피 맛을 선호하는 것 같다.

　내 커피 맛을 사랑해준 사람 가운데 이덕희 선생님은 단연 첫손에 꼽힌다. 선생님은 당신이 드실 것은 물론 사람들에게 선물할 것도 간 커피와 안 간 커피 구별하여 자주 부탁하셨다. 선생님은 내가 볶아놓은 커피를 갖고 가셔서 직접 갈아드시곤 했다. 선생님이 출입하실 수 있었을 때는 학림에 들를 때마다 갖고 가셨고, 못 들르실 때는 내가 부쳐드리곤 했다. 학림에서 선생님께 보내드린 것은 커피만이 아니었다. 선생님이 키우는 새 모이도 늘 이곳에서 찾아가시곤 했다.

사실 선생님이 처음 새를 사러 갈 때도 내가 같이 갔었다. 어느 날 선생님은 무슨 바람이었는지 "새를 키워야겠다."며 같이 새를 사러 가자고 하셨다. 선생님은 길눈이 어두운 분이었으니 내가 모시고 동대문에 있는 '종로 새집'에 갔다. 파란색 암수 두 마리(아마 잉꼬였었나?)를 산 기억이 난다. 새집에 갈 때면 언제나 분명하게 따지고 묻고, 한번 들른 새집은 다 잘 기억하시던 꼼꼼하고 철저한 모습이 매우 인상적이었다.

새를 키우게 되면서 학림은 커피와 새 모이, 그리고 커피 필터(선생님이 원하는 특별한 필터종이가 있다)를 찾아가거나 보내주는 곳이 됐다. 때로 책을 맡겨놓거나 찾아가는 곳도 되고.

학림과 정찬과 이덕희의 인연

선생님의 건강이 조금씩 무너져가면서 선생님한테는 도움이 절대적으로 필요해졌다. 사실 혼자 사는 여성이, 더구나 나이 들고 몸이 허약한 사람이 다른 이의 도움 없이 어찌 살아가겠는가. 내가 돕는다고 해도 한계가 있었고, 학림에서 일하는 친구가 선생님을 적극 도우며 심부름했지만, 그 분의 까다로움과 완벽주의를 충족시킨다는 것은 여간 힘든 일이 아니다.

특히나 선생님은 당신 댁에 사람을 들이는 것을 원치 않으셨는데, 그래도 음악이 중요하신지라 선생님 댁 오디오를 보러 내가 들락거리기도 했다. 선생님한테는 명반이 많았지만 기계치여서 오디오에 이상이 생기면 나를 부르시곤 했다. 옛날 턴테이블이 잘 작동이 안 되어 내가 독일제 턴테이블 '듀알'을 사드렸는데, 그건 마니아가 돈도 쓰고 공들여 가면서 관리해야 하는 것이라 선생님은 관리에 실패하시고 말았다. 간단한 것이 좋겠다 싶어 그 다음엔 AR턴테이블을 마련해드렸는데, 이 턴테이블을 카라얀도 사용했었다는 말에 무척 좋아하셨다. 그러나 그것 역시 관리가 되지 않았다. 턴테이블은 바늘이 매우 중요한데, 선생님 LP판 소리골에는 먼지가 끼어 있어서 소리가 제대로 날 리 없었다. 선생님은 오디오가 고장 났다고 하셨다. 내가 그게 아니라고, 판을 한참 만에 틀어서 그렇다고 해도 선생님은 소리가 안 날 때마다 고장이라며 나를 불러대었다. 나는 바쁘고 시간은 낼 수 없어 그저 땀만 뻘뻘 흘렸다.

마침 선생님 댁에 레이저 디스크 플레이어가 있기에 내가 마리아 칼라스와 토스카니니 같은 귀한 자료를 드렸는데, 얼마나 들으셨는지는 모르겠다. 늘 언젠가는 보리라 말씀하시곤 했지만 기계치에 몸이 허약한 상태라 제대로 보신 적은 없는 것 같다. 나중에 선생님은 그냥 간단한 오디오를 장만하셨다. 음악 없이 못 사시는 분인데 복잡한 오디오 기기는 모르시니 누구보다 본인이 얼마나 답답하셨을까.

선생님이 돌아가시기 4년 전부터 이미 외출이 힘들었던 것 같다. 다만 커피는 전화로 주문하셨는데, 한번 전화하면 한 시간은 말씀을 하셨다. 우리 가족에도 큰 관심을 갖고 있어 아내는 물론 딸과 아들아이 근황까지 세세히 챙기며 때로 책도 선물하곤 하셨다. 딸아이가 일본 메이지 대에 들어갔을 때에는 무척이나 기뻐하셨다. 연세가 있으신 분들은 일제강점기 우리나라 명사들이 많이 유학했던 메이지대학에 환상이 좀 있는 건 아닌가 싶었다.

선생님 부음을 들은 것도 참 기묘했다. 지난 해 여름 어느 날 소설가 정찬 선생이 밤 아홉 시쯤 가게에 들르셨다. 내가 이선생님께 커피를 보내니 소식을 물으러 들리신 거였다. 나도 커피 보내드린 지 보름은 넘은 것 같아 그 자리에서 전화해 보기로 했다. 정찬 선생이 선생님 댁에 전화했더니 마침 영정 사진을 찾으러 온 동생분이 받으셨다. 그렇게 극적으로 선생님 소식을 알게 된 것이다. 덕분에 선생님 마지막 모습을 뵐 수 있었으니, 이는 선생님이 우리를 한번이라도 보고 싶어서 그리하셨던 게 아닌가 싶다. 선생님이 학림에 다시 오게 된 자리에 정찬 선생이 있었듯, 선생님이 마지막 가시는 길을 확인하는 자리에도 학림에 정찬 선생이 있었다. 정말로 묘한 인연이다.

책상 위에는 학림 자료집 기획안이

선생님의 죽음도 학림에서 듣게 할 만큼 선생님은 학림을 사랑하셨다. 2016년이 학림이 문을 연 지 60주년 되는 해였는데, 나는 그즈음 학림 자료집으로 학림문집을 낼 구상을 하고 있었다. 그동안 학림을 찾은 많은 명사들한테 서명을 받은 서명집이 몇 권이나 되고, 현대사와 함께 숨쉬어온 학림의 60년을 되짚어보는 것은 학림만의 영광이 아니라 우리 사회가 찾아야 할 결실이기도 하다는 생각에서였다.

이런 구상을 아시게 된 선생님은 아픈 몸에 생기를 되찾으시고, 이 자료집을 어떻게 구성할지 연구하셨던 것 같다. 편집은 누구에게, 디자인은 누구에게 시킬 것인지도 아마 다 정해놓으셨을 거다. 학림이 서울의 미래유산으로 선정됐다고 하자, 선생님은 이를 크게 여기시고 제작비도 지원받을 수 있으리라고 생각하셨나

보다. 직접 서울시에 전화해 제작비 지원을 문의하셨고, 지원은 재단인 경우에만 받을 수 있다는 것을 알게 되자 내게 재단을 어떻게 만드느냐고 물으셨다.

나는 이 일이 개인이 할 수 있는 일이 아니어서 당분간 연기했으면 했지만, 선생님의 구상은 나날이 세세해져갔다. 선생님이 돌아가셨을 때 책상 위에 학림문집 만드는 기획안이 있었다는 말을 듣고 가슴이 먹먹해졌다. 턴테이블 위도 수건을 잘 덮어 놓았다고 하니, 비록 듣지 못하는 그 기기도 얼마나 아끼셨는지 알 것 같았다.

선생님이 돌아가시고 유품을 정리한 동생분이 내게 밀린 커피 값을 보내주신다고 하셨다. 무엇이든 철저하셨던 선생님의 수첩엔 마지막으로 학림에서 커피를 받은 날짜가 2016년 7월 22일이고 그동안 밀린 커피 값은 1,507,700원으로 적혀 있었다고 한다. 한 번도 커피 값을 받으려고 드린 적은 없었지만 나는 커피 외상값을 받았다. 안 받으면 이선생님이 혼내실 게 분명하므로.

그 시절 학림다방에는
'이덕희 전용석'이 있었다

,

임헌정 [지휘자]

70학번인 내게 1970년대, 정확히 1970년부터 미국으로 건너간 1977년까지는 젊음이 가장 빛났던 청년시절, 음악에서나 인생에서나 수련기와도 같았다. 그 시절 내 활동의 거점이랄까, 언제나 들리는 곳이 있었으니 바로 학림다방이다. 당시 서울대생이라면 누구나 학림다방과 관련된 추억 몇 가지는 가지고 있을 테지만, 젊은 음악도로서 학림다방은 내게 추억 이상의 것을 남겨주었다.

 그때 음대는 을지로 6가에 있었지만 나는 수업이 끝나면, 어떤 때는 이른 아침부터 학림다방을 찾곤 했다. 학림다방은 종로2가 무교동에 있던 음악감상실 '르네상스'와 명동의 '필하모니', '돌체', 삼일로의 '아폴로' 등과 함께 클래식을 들을 수 있는 몇 안 되는 귀한 장소였다. 집에서나 학교에서도 클래식을 듣기가 쉽지 않은 그때 음악감상실은 가장 편하게 음악을 들을 수 있는 곳이었다. 특히 학림다방은 서울대 바로 앞에 있어서 드나들기 쉬웠고, 함께 어울리던 선후배들을 만날 수 있었고, 그리고 이덕희 선생님이 있었다.

"나는 여기 비품이야"

지금도 기억이 난다. 학림다방으로 오르는 층계를 올라가면 탁자들이 보이고, 왼편에는 피아노, 오른편에는 계산대가 있었는데, 계산대 맞은편에 이선생님의 전용좌석이 있었다. 층계 옆 쪽, 판을 틀어주는 음악실 가까이 있어 좀 파묻힌 듯한 그 자리는 이덕희 선생님 말고는 아무도 앉을 수 없었다. 내가 학림에 들어서서 선생님을 발견하고 "아, 이선생님 나오셨네요!" 하고 인사를 건네면 이선생님도 "오, 임헌정씨 왔네!" 하고 인사를 해주셨다. 그리고 곧잘 "나는 여기 비품이야!"라고 덧붙이셨다.

비품이라는 말이 무색하지 않을 만큼 이선생님은 늘 그 자리

에 계셨고, 그래서인지 이선생님을 처음 만난 순간을 기억할 수가 없다. 그만큼 자연스러웠던 것이다. 이선생님과 나는 커피를 앞에 두고 이야기를 나누곤 했다. 때로 이선생님의 자리에는 《춤》 잡지를 꾸리는 조동화 선생이나 음악평론가인 박용구 선생이 같이 자리하기도 했다.

이선생님은 언제나 열정이 가득했고, 그래서 대화 역시 불꽃처럼 열렬했다. 물론 이선생님이 주로 말하고 나는 듣는 편이었지만. 선생님과 나눈 대화 주제는 모두 예술, 예술이었다. 이선생님의 음악에 대한 식견은 여느 음대생보다 높았다. 음악은 물론이고 음대생인 내가 접하기 힘든 문학이나 다른 예술에 대한 말씀도 많이 해주시고 책도 소개해주셨다. 이렇게 예술적 교감을 나누면서 젊은 음악도인 내가 문화적 소양을 쌓게 도와주신 것이다. 훗날 이선생님이 나를 인터뷰해서 잡지에 실은 적도 있었는데, 학림다방에서 만날 때는 선생님이나 나나 그런 날이 오리라곤 생각지도 못했다.

통금이 있던 시절, 이선생님과 나는 저녁도 같이 먹고 술도 한잔씩 하곤 했다. 돈 없는 학생 신분이어서 기껏해야 소주 한잔에 달걀말이 정도였지만, 어쩌다 돈이 생기면 이선생님은 "'데미안'에 가자"고 하셨다. 데미안은 학림에서 걸어서 갈 수 있는 혜화동에 있는 칵테일 바로 그곳에서 마니티와 맥주를 마셨다. 또 혜화동과 명륜동 사이 골목에 있던 '주천'에서 동동주와 막걸리를 마시러 갈 때도 있었는데, 이선생님은 주로 맥주를 드신 것 같다. 술자리에서도 선생님의 대화 주제는 예술이었다. 니진스키 이야기도 많이 하셨던 기억이 난다. 그때는 아직 토스카니니에 빠지기 전이었는지, 토스카니니보다 하이페츠나 다른 연주자에 대한 이야기를 많이 했다.

　당시 학림다방에는 이선생님을 비롯하여 많은 사람들이 드나들었다. 문리대생, 법대생, 의대생이 고루 드나들었고, 연극하는 친구들도 자주 찾았다. 나와 친구들은 학림다방을 아지트 삼아 무언가를 의논할 때면 늘 학림다방에서 만났다. 학림은 서울대생의 전용 모임 장소나 마찬가지였다.

학림에서 만난 사람들과 함께 한 시절

대학 3학년 때 출석 미달로 학사경고를 내리받은 적이 있다. 당시 서울대 분위기가 '학생이 어떻게 수업에 다 들어가느냐'는 식이었는데, 물론 젊은 날의 치기였지만 학교 말고 젊은이가 꿈꾸고 무언가를 배울 수 있는 기회는 많았던 것 같다. 어쨌든 교무과에서 퇴학당하기 전에 복학할 수 있도록 자퇴하라고 해서 자퇴서를 내고, 집에서는 말할 수도 없어 학교 가는 것처럼 집을 나와 아침부터 학림다방을 찾곤 했었다.

아침에 학림다방에 들어서자마자 그곳에서 일하는 명숙이를 부르며 "명숙아, 모닝커피 한잔!" 외치면, 커피에 달걀노른자를 띄운 모닝커피가 나왔다. 노른자를 저으면 우유처럼 뽀얀 색을 내며 고소한 맛이 나는 그 모닝커피 맛을 잊을 수가 없다. 학림에 나왔다가 학교로 '놀러' 가기도 하고, 학림 주변 식당에서 점심도 해결하곤 했다. 주로 순두부나 오므라이스, 미트볼 같은 것을 먹었다.

비록 학교를 쉬던 때라도 학림에 가면 언제나 만날 사람이 있고 할 일이 생겼다. 학림다방 계산대에는 주인아주머니(원주인이 아니라 학림을 경영하는 분이었다)가 있고, 이선생님 자리 뒤쪽으로 음악을 틀어주는 곳이 있었는데, 예전의 DJ박스처럼 유리로 막혀 있는 아늑한 음악실이었다. 그 음악실에는 뒷날 '공간' 극장장이자 공연기획가로 자리 잡은 강준혁 형이 음반을 고르고 있었다. 준혁 형은 학림의 제1 DJ였고, 준혁 형이 없을 땐 우리 중 누구라도 서슴없이 그곳에 들어가 판을 고르고 조용히 음악을 감상할 수도 있었다.

클라리넷을 잘 불었던 강준혁 형의 동생인 강준태는 나와 작곡과 동기였고, 준혁 형의 바로 위형인 강준일 형 역시 물리학과를 거쳐 작곡과로 들어왔었다. 그때 이미 공연 기획을 곧잘 하던 준혁 형과 우리는 크리스마스나 연말 무렵 학림다방에서 음악회도 열었고(나는 첼로를 맡았다), SMA(서울음악회)도 만들어 원주에 음악 캠프도 열었다. 강준일 형과 잘 아는 김지하씨가 원주에 연고가 있는 데다 지학순 주교, 무위당 장일순 씨와 장화순 형제 등이 원주에 있어서 원주 가톨릭 문화센터를 기지로 삼아 캠프를 열 수 있었다. 마침 나도 원주중학교 출신이어서 고향을 찾는 마음으로 즐겁게 캠프에 참여하게 되었다. 연주는 물론이고 학술대회도 열었는데, 김지하씨도 참석해 연설을 했었다.

나는 음악 캠프에서 첼로를 연주하거나 지휘하고, 작곡도 했다. 학교에서 배운 것도 많지만 이런저런 활동을 통해 얻은 것이 많다. 어쩌면 젊은 시절엔 그런 활동에서 더 많은 영감을 받는 건지도 모르겠다.

"음악은 인간을 정화시킨다"는 말씀

1985년 귀국한 뒤 이덕희 선생님을 한두 번 봤을 뿐 만나지는 못했다. 그래도 언제나 서로 소식을 주고받으며 지내왔다. 전화 통화를 할 때면 이선생님은 특유의 정열적인 어조로 한 시간씩이나 말씀을 하셨다. 경상도 억양이 들어간 말투로 "혼자서는 이제 못 나가요." 하시던 말씀이 기억에 남는다. 언제나 아프시다는 하소연이 많았는데, 한번은 폐가 나쁘다고 하셔서 내가 "담배는 왜 피우세요?"라고 대답한 적도 있었다. 그러나 담배를 피우시던 때는 그나마 건강이 괜찮았을 때 얘기다.

　　귀국하자마자 모교 서울대에 자리잡고, 1989년 문화적으로 척박한 신생도시 부천 필을 지휘하게 되면서 나는 더욱 바빠졌다. 연주회 때는 언제나 표를 보내드리곤 했는데, 얼마나 연주회에 오셨는지는 모르겠다. 하지만 말러를 국내에 본격적으로 소개했을 때 이선생님은 큰 응원을 보내주셨다. 그동안 선생님도 신간을 내실 때면 꼭 책을 보내주셨는데, 종종 책안에 엽서를 끼워 보내셨다. 엽서에는 늘 "임헌정씨 건강, 건강, 제발 건강을 챙기라."는 메시지가 많았다. 당신의 건강이 그만큼 안 좋았기 때문에 그러셨을 것이다.

　　학교와 부천 필을 오가며 25년간 활동하다가 코리안 심포니를 맡게 되면서도 연주회 표를 보내드렸고, 연주회가 끝나면 녹음

된 CD도 보내드리곤 했다. 이때는 이미 몸이 많이 쇠약해져서 연주회는 못 오셨지만, 주변 사람들에게 표를 나눠주고 녹음된 연주를 챙겨들으시곤 했다. 나는 몰랐지만 주변 사람들에게 내 연주가 헝가리 출신 지휘자 니키슈와 닮았다고 평하셨다고 한다. 내가 니키슈처럼 마법 같은 지휘를 했는지는 모르겠지만, 부천 필과 코리안 심포니에서 악단과 내가 한마음이 되어서 열정적으로 연주했던 점을 알아채셨던 모양이다.

이선생님은 언제나 내게 말씀하시곤 했다. "음악은 인간의 영혼을 정화시킨다."고. 그 말씀은 아직 내 가슴에 깊이 새겨져 있다. 동서양을 막론하고 음악은 그 사회의 정신을 가장 여실하게 반영하는 문화였다. 이선생님이 돌아가신 부고를 듣지 못했다가 뒤늦게 신문에서 접했을 때 내 마음은 안타깝기 그지없었다. 강준일, 강준혁 형도 돌아가셨는데 '우리 문화계의 귀한 분이 또 이렇게 가시는구나' 싶었다. 사실 이선생님은 삶 자체가 예술가의 삶이었다. 그분이 얼마나 쓸쓸하고 고독하게 사셨는지 알 수 없지만 예술을 사랑하는 순수한 삶을 사셨다는 것만은 안다.

학림다방에서 만나던 시절, 이선생님의 시에 내가 곡을 붙인 적이 있다. 제목이 아마 '매혹'이었던 것 같다. 50년이 가까이 지나 기억도 가물가물한 그 곡을 다시 찾아보고 싶다.

참 고마운 선생님,
고마운 순간

,

이윤수 [피아니스트]

이덕희 선생님과 인연을 생각하면 참으로 신비한 느낌이 든다. 만날 사람은 언젠가는 만나게 되는 것처럼, 세상에 우연이란 건 없고 만남도 운명도 예정되어 있는 것은 아닐까 하는 생각이 드는 것이다.

어려서 한국을 떠나 아르헨티나에서 살다가 미국 로스앤젤레스에서 지내던 십대 시절, 우연히 한인 타운의 한 책방에서 '이덕희'라는 이름을 처음 만났다. 나는 어렸을 때부터 책 욕심이 있었다. 책을 잘 알지도 못하고 많이 읽는 편도 아닌데도 좋은 책을 보면 욕심이 났고, 낡고 빛바랜 옛날 책도 마음을 끌었다. 그때 발견

한 책은 이덕희 선생님이 번역하신 쇼팽 책이었다.(베르나르 가보티의 《쇼팽-하늘로 가는 피아노 소리》)

어쩌면 인생의 사소한 한 장면으로 기억에서 사라질 이 날의 짧은 일방적 만남은 열일곱 살 때 한인교회에서 만난 피아니스트 하은경 선생님을 통해 현실의 만남으로 이어졌다. 하선생님이 전혜린의 책 《그리고 아무 말도 하지 않았다》와 《이 모든 괴로움을 또 다시》를 내게 주신 것이다. 하선생님도 전혜린을 좋아했지만, 나 역시 독일에서 공부하고 있을 때 기차간에서도 전혜린의 책을 읽을 정도로 깊이 빠졌다. 아무래도 전혜린이 독일 유학 시절 느낀 고독이 공감이 되어서 그리했을 것이다. 내가 너무 이 책에 빠져 살아서 아버지가 걱정을 할 정도였다.

전혜린의 책을 통해 자연히 이덕희 선생님에 대해 알게 되었고, 마침 하선생님의 친구 분이 이선생님과 같은 동네에 살아서 이선생님과 연이 닿게 되었다. 그러나 이선생님을 직접 뵌 것은 한참 뒤 일이고, 2003년 우선 이선생님의 서명이 적힌 책을 먼저 받았다. 《짧은 갈채, 긴 험로》라는 책이었다. 나는 이선생님이 주신 것은 책은 물론이고 선생님이 복사해서 주신 짧은 글까지 모두 소중하게 보관하고 있다. 그만큼 이선생님과 관련된 것은 내게 의미가 있다. 그런데 처음 책을 건네받고 내가 지나가는 말로 《전혜린》 책이 아니어서 좀 섭섭해 하는 빛을 보였던가보다. 아마 하선생님의 배려였겠지만, 곧 《전혜린》 평전도 하선생님을 통해 받을 수 있었다.

독일에서 공부하던 2005년 1월 호암아트홀에서 독주회를 하러 한국에 들렀을 때, 연주회가 끝나고 가진 뒤풀이 자리에서 처음 이선생님과 통화할 수 있었다. 이선생님은 이미 이때 몸이 편찮으셔서 내 연주회에 오지 못하셨고, 아마 나의 섭섭함을 달래주고 격려해주시기 위해 전화 통화를 허락하신 것 같다. 선생님을 직접 뵌 것은 그해 12월 학림다방에서다.

학림다방에 들어서는 선생님 모습이 선하다. 학림다방의 주인 어른과 자연스럽게 인사를 주고받는 모습에서 그 분의 자유로움을 느꼈다. 책에 실린 사진과 똑같은 모습이어서 금방 알아볼 수 있었다. 십대 때 처음 선생님의 이름을 알게 된 이후 오랜 시간이 걸려서 비로소 만났으니 애틋함이 더했다. 이선생님 그 자체로 마냥 좋았다. 물론 이선생님과 나누는 대화는 내가 말할 기회가 없을 정도로 이선생님의 이야기로만 이어졌다. 나는 속으로 '어찌 원고도 없이 한 주제로 이렇게 쉼 없이 얘기할 수 있을까' 놀랍기만 했다. 그리고 내게 책 많이 읽고 건강 챙기라는 말씀을 하셨다. 사실 이선생님은 그 뒤에도 언제나 이런 당부를 잊지 않으셨다. 자리에서 일어나 학림다방 층계를 내려갈 때 선생님은 머리가 아픈 듯 어지러운 듯 휘청거리셨는데, 나는 잡아드려야 하나 말아야 하나 속으로 고민했던 기억이 난다.

독일에서 전화로 연락 주고받아

선생님과 만난 이후 나는 선생님께 간간이 전화를 드리게 됐다. 독일에서 공부하던 때라 먼 이국땅에서 마음이 허할 때나 음악에 대한 교감이 필요할 때 선생님께 전화했던 것 같다. 한번은 내가 책을 읽고 1950~60년대 명동의 낭만에 대해 말씀드리자 "이 늙은이와 명동을 걸을까?"라고 말씀하셨다. 아마도 젊은 친구한테 지난 시절의 낭만에 대한 이야기를 들어 선생님의 추억이 살아나서 그러셨던 것 같다. 나는 이렇게 선생님과 공감대를 형성해나가는 것이 너무나도 기뻤다. 그리고 그 공감대가 나만의 특별함을 담보해주는 것 같아 뿌듯하기도 했다.

이런 감정에 도취되어 내가 교만해졌던 것일까, 한번은 선생님한테 섭섭한 소리를 듣기도 했다. 오래 전 마르타 아르헤리치의 인터뷰 글에서 아르헤리치가 베토벤 피아노 협주곡 3번 연주 가운데 카를 뵘 지휘로 빌헬름 박하우스가 연주한 것이 좋다고 한 것을 읽고, 나도 들어보니 그 연주의 카덴차가 너무도 마음에 들었다. 그런데 음반에도 그 카덴차가 누구의 것인지 적혀 있지 않아서 늘 궁금했다.

나는 좀처럼 포기를 안 하는 사람이라 항상 그 카덴차를 염두에 두고 찾고 있었는데, 2006년 겨울 드디어 그 카덴차를 구하게 됐다. 크리스마스 무렵이었다. 독일의 겨울 크리스마스는 유난히 어둡고 외로웠다. 당시 룸메이트가 독일교포였는데, 내게 아마존에 중고 악보가 하나 나와 있다고 해서 들어가 보니 바로 내가 찾고 있던 그 카덴차였다. 독일 피아니스트이자 작곡가이기도 한 카를 라이네케의 카덴차였다.

그 카덴차를 구하게 됐을 때 내 기쁨이란 이루 말할 수 없었다. 감격에 못 이겨 이선생님께 전화를 드렸다. 이선생님은 나의 오랜 노고에 하늘이 감동해 구할 수 있게 된 것 같다고 축하해주시고, 말미에 "이 시간에는 전화하지 말라."고 말하셨다. 어린 마음에 그 말씀이 야속하기만 해서 '너무하시다'는 생각이 들었다. 물론 시간이 지나면서 내 야속한 마음을 오히려 후회하게 되었지만 말이다. 어쨌든 그 악보를 찾게 되어 2007년 '앙상블 디토'의 일원으로 모스크바 체임버 오케스트라와 베토벤 협주곡 3번을 협연할 때라이네케의 카덴차를 연주할 수 있어서 이 카덴차는 여러모로 내게 소중한 추억을 남겨주었다.

선생님한테는 이런 단호하고 냉정해 보이는 일면이 있지만 진정으로 내 음악과 연주에 대한 관심을 잃지 않으셨다는 것을 안다. 내가 연주회를 녹음한 CD를 보내드리면 언제나 듣고 기뻐하셨다. 부조니 콩쿠르에서 내 연주를 실황 녹음한 것을 콩쿠르 주최측에서 보내주어 선생님께도 보내드렸고, 호암아트홀 연주, 그리고 몽골 선교용으로 만든 공연CD도 보내드렸다. 특히 선교용 음반에 담긴 〈주의 기도〉는 내가 즉흥적으로 편곡해 연주한 것이었는데, 선생님은 이를 무척 좋아하시면서 다시 들어보고 싶다고 하셨다.

2012년 금호아트홀에서 라흐마니노프의 첼로와 피아노를 위한 소나타를 연주했을 때, 선생님은 연주회에 오시지 않았지만 보내드린 팸플릿을 꼼꼼히도 읽으셨는지 곡을 소개한 글이 피아노의 존재감을 제대로 설명하지 못했다며 노발대발하셨다. 그런 뜨거운 관심과 애정이야말로 이선생님이 내게 주신 최고의 선물이었다.

언젠가 선생님의 소망대로
'함머클라비어'를 연주하게 될까?

나는 내가 아는 사람들에게 글을 받는 습관이 있다. 어려서부터 음악 속에서만 살아온 나는 다양한 사람들의 생각과 느낌이 궁금했다. 음악의 전통 바깥에서 바라보는 풍경이 보고 싶다고 할까? 그래서 사람들에게 나에 대한 글을 써달라는 부탁을 드리곤 한다. 야구선수 박찬호, 영화배우 정준호, 가수 조영남, 미주 한국일보 장재민 회장, 그리고 내가 아는 여러 목사님께 글을 받았다. 나는 이덕희 선생님한테도 글을 받고 싶었다. 처음에는 선생님이 잘 안 써주시려고 했다. 그러나 나는 포기를 모르는 사람이기에 끈덕지게 졸라서 마침내 글을 받을 수 있었다.

선생님은 그 글에서 내가 베토벤의 '함머클라비어' 소나타를 연주하는 것을 꼭 듣고 싶다고 하셨다. 나는 베토벤을 썩 좋아하는 편은 아니지만, 왠지 선생님의 글을 받은 뒤로는 언젠가는 내가 선생님 말씀대로 베토벤의 함머클라비어를 비롯한 소나타 전곡을 연주하는 날이 오지 않을까 하는 생각도 든다. 선생님과 관련된 것은 애초의 만남부터 모든 것이 신기한 인연의 끈을 따라온 것이니 선생님의 소망 역시 예사로운 것은 아닐 것이라는 예감이 드는 것이다.

선생님이 돌아가셨다는 소식을 들었을 때, 더구나 더위로 돌아가셨다는 이야기를 들었을 때 나는 얼마나 허탈했는지 모른다.

정말이지 독특하면서도 힘든 인생 아닌가. 완벽함을 추구하며 그 치열한 고뇌와 방황의 시간은 무엇이란 말인가. 덧없다는 생각, 슬픔이 내 속에서 자꾸 자라났다.

그러나 돌이켜보면 이선생님을 알게 된 것은 얼마나 고맙고 소중한 경험인가. 내 생애 가장 고마운 몇 순간 중에 이선생님이 내게 주신 순간이 있다. 선생님을 알게 되고 선생님을 만나게 되고, 선생님의 관심과 애정, 격려, 선생님과 나눈 대화, 선생님이 내게 주신 글과 책 모두 고맙고 소중하다. 선생님이 주신 것은 무엇이든 소중하게 보관하고 있지만, 그 옛날 한인 타운 책방에서 봤던 그 책도 꼭 찾아서 갖고 싶다.

이덕희 선생님이 이윤수에 대해 쓴 글

이윤수가 연주하는 베토벤을 듣고 있으면 마치 전류와도 같은 내적 힘이 감지되는 한편, 반대로 내부의 분출하는 에너지를 억제하는 듯한 또 다른 힘을 느끼게 된다.

왜일까?

아마도 이율배반적인 내면의 두 힘이 서로 겨루는 팽팽한 긴장감 속에 청중을 매료시키는 '이윤수 예술'의 비밀이 있지 않나 싶다.

앞으로 이 음악가가 연륜을 더해갈수록 그의 내면세계가 점차 더 깊어지는 가운데 이 내면의 힘은 더욱더 심화되겠지만, 이 상반된 두 힘이 혼연일체가 될 때―아마도 이 음악가 역시 음악혼의 핵심과 혼연일체가 되지 않을까?

그럴 때 그가 베토벤의 '함머클라비어 소나타'를 연주한다면 과연 그건 어떤 음악이 될까? 상상만 해도 가슴이 뛴다. 나는 그가 연주하는 '함머클라비어 소나타'를 꼭 들어보고 싶다. 아울러 언젠가는 그가 베토벤의 소나타 서른두 곡 전부를 완주할 수 있으리라고―그리고 그 결과가 반드시 음반이 되어 나오리라고 믿고 싶다.

음악사상 유례가 없을 정도로 베토벤의 음악은 시초부터 생애의 끝까지 점차 심화되는 정신적 발달과 병행해서 끊임없는 유기적인 발전을 지속했기에, 이 위대한 악성이 26세~51세에 걸쳐 완성한 그의 피아노 소타타 전곡을 완주한다는 것은 바로 피아노 음악의 절정을 향해 산정을 오르는 것과 같은 과업일 것이기 때문이다.

이덕희 선생님을
추모하며

,

하은경 [MTAC Glendale Branch Board of Director]

우리의 삶에서 여러가지 일들이 일어나며 드물게는 참으로 소중히 귀한 추억으로 간직하고 싶은 것은, 그렇게 쉽게 있지 않기에 고귀하게 생각된다. 이덕희 선생님과의 추억은 참 소중하며 귀하다. 한국에 있는 친구 조여나 선생님께 자주 전화하며 이야기를 나눠왔는데, 작년 여름이 끝나는 무렵 이곳 L. A.에서 전화하였는데 돌아가셔서 지난 주에 장례식도 모두 마쳤다고 하니 정말 놀라고 슬프고 아쉬웠다. 그 소식에 나는 쇼팽의 소나타 2번, 3악장 장송 행진곡을 혼자 연주하며 선생님을 기억하고, 정말 이토록 아름다운 선율, 우리들의 삶이 많은 추억과 연민과 귀한 것들, 소중한 사람들과의 이별을 뒤로하고 떠나야 하기에 그토록 아름다운 것일까? 혼자 외롭게 고생하시며 좋지 않은 환경에 얼마나 힘드셨을까? 지독한 더위로 더욱 힘드셨으리라. 이젠 당신이 사랑했던 모든 것을 남기고 편히 가세요. 인생은 슬픈 것, 오직 아름다운 추억만을 기억하시며 가세요.

선생님과의 만남은 피아니스트 이윤수 때문이었다. 모짜르트를 그토록 아름답게 연주하는 연주장에서의 모습이 지금도 감동이다. 라흐마니노프 협주곡의 화려하고 아름다운 선율과 고도의 테크닉으로만 연주되는 라흐마니노프 곡보다 모짜르트의 연주가 내게는 너무나 깊은 인상을 남긴 것이 인연이랄까—. 그후 몇군데 국제콩쿠르에서 최고상과 입상의 영예를 갖고, 신기하게도 이윤수는 나의 남편이 천재는 10대에 무엇인가 이룬다고 여러번 이야기하였던 기억처럼, 그는 열 살에 피아노를 배웠고 18살에 국제콩쿠르에서 최고상을 받았다. 이윤수가 독일유학 간다기에 《전혜린》책을 주면서 오래전 한국의 천재작가에 대한 글인데 그 분도 오래전 독일유학 가셨던 생각이 나서 비행기에서 읽어보라고 주었던 기억이 난다.

2003년 L.A. 이곳에서 한국에서의 연주회를 준비하면서 이덕희 선생님을 초대하고 싶은 생각이 들었었다. 한 번도 뵌 적이 없는 분이지만 선생님은 내가 그 분의 책에서 만난 것이고, 그 선생님의 책들을 읽으며, 글에는 힘이 있고 사람들의 마음을 이끄는 호소력이 있다고 내 나름대로 생각하며 많이 좋아했었다. 또 최고의 학력에 그 많은 지식과 또 괴짜같은—그 전에는 그와 같은 여성은 없었으리라.(이것은 전혜린씨도 포함) 나름대로 부러움과 존경의 마음 같은 것이 있었는데—아무튼 대단한 분이라 생각되며 적어도 나 혼자만은 그 분이 갖고 있는 정신의 해박함은 그 분 이전에는 〈짱끄리스토프〉와 〈매혹된 영혼〉을 썼던 프랑스의 작가 로망 롤랑만이 있었으리라 생각했었다.

아무튼 진심으로 존경했던 분이었다. 나름대로 연주회 준비가 되어가면서 친구 조여나에게 초대권을 보내드리도록, 꼭 모시고 싶어 부탁하였다.

선생님을 뵌 것은 세 번 정도로 기억한다. 언제나 그 만남은 샘솟는 지식과, 당당한 자신의 주관, 값어치 있다고 생각하시는 모든 것에서 자존심을 꺾지 않는 자신의 주관이 분명하신 분으로 기억된다.

처음 만나뵈었던 곳은 학림다방이었는데 오래된 건물과 커피의 향기 그리고 의자며, 모든 오래된 것 같은 분위기가 내게는 너무나 아름답기만 했고, 밖의 화려한 거리의 조명들과 젊은이들의 다니는 모습 등이 실내의 오래된 커피집과 밖의 젊음, 새로움 등의 신선한 모습이 정말 감동이며, 그곳을 다녀온 후 몇 년 동안 생각나게 하였다. 그곳에서의 처음 만남은 아주 추운 날이었는데 오래 오래 기억에 남아 있다. 한번은 또 만난 자리에서 내게 요즘은 무슨 책을 읽고 있는지 물으셨는데 나는 곧바로《카트린느 드 메디치 (검은 베일 속의 백합)》을 읽고 있다고 말씀드렸는데 어쩌면 그렇게도 기억력이 좋으신지 놀랐을 뿐이었다. 해박한 지식에, 그 연세에 그토록 빨리, "르네상스 시대의 이태리의 —"하시면서 금방 카트린느 드 메디치에 대한 말씀이 쏟아지신다. 나는 사실 그 책을 신문에서 신간소개에서 찾고 전화로 주문하고 읽기 시작한 지 얼마 안되어 읽는 중에 미국에서 이윤수 연주회로 한국에 나와 있었던 것. 정말 대단한 기억력과 지식을 가지신 분이었다.

처음 미국에 올 때 여러가지 준비하면서 선생님의 번역책인 니체의《나의 누이와 나》를 사려고 여러 책방을 다녔으나 살 수 없어, 그 이야기를 친구 조여나에게 이야기했을 때 선뜻 자신의 책을 주셨던 기억, 그 일 또한 내게는 감동이었다. 그 후 미국에서 집안에서 아시던 분이 방문하시고 그 책을 빌려가고 싶어 하셨지만 단호히 안된다고 거절했던 기억, 지금은 누렇게 변해 있고, 선생님으로부터 새로운 책으로 선물 받으면서 책을 번역하시던 때를 들으

며 매일매일 꿈에 니체를 만났다기에, 그것 또한 신기하고 감동이었다. 그리고 니체가 작곡한 작품들을 모아 캐나다에 있는 콘코르디아 대학교에서 기념 CD를 만들었다는 신문기사를 보고 선셋가에 있는 타워레코드에서 마지막 1개 남은 CD를 사들고 기뻐했다는 사실을 말씀드렸더니 선생님의 눈이 반짝이며 꼭 미국에 가면 CD를 복사해 보내 달라고 간곡히 당부하셨던 기억, 이곳 L.A.에 돌아와 복사하여 보내드리며 내 스스로에게 값있는 귀한 선물을 보낸 기쁨을 느껴 보았던 추억들.

선생님은 값있고 고귀한 정신의 세계를 추구하며 열정을 가지신 분이다. 이 모든 추억을 생각하며 베토벤의 '장엄미사'가 아니 모든 작곡가들의, 그들의 최고의 작품이 《레퀴엠 매스 Requiem Mass》이었듯이, 그 모든 작품들이 최고의 지성과 고귀한 정신을 향해 열정을 잃지 않고 사셨던 이덕희 선생님께 연주되며 오래오래 기억하기를 마음을 다하며 추모합니다.

덕희언니,
그 때묻지 않은 영혼

,

이진희 [동생]

우리 부모님은 슬하에 3남8녀를 두었다. 덕희언니는 셋째로 태어났고, 그 다음 넷째가 장남인 오빠였다. 이 글을 쓰는 '나'는 딸로는 다섯째였고 남녀 합한 순서로는 여섯째다. 장남인 오빠는 2013년 8월에 눈 감았고, 바로 위 '언니'인 이덕희는 2016년 8월에 사망했다. 이와 같이 세상을 닫는 순서는 태어난 순서대로가 아니며, 그 시기 역시 본인이 선택하는 것도 아니다. 그런데 덕희언니는 그 시기도 본인이 선택할 수 있다고 젊은 시절 '착각'했던 것 같다.

    내가 기억하는 덕희언니는 세속에 물든 적이 없는 사람이었다. 독실한 천주교도였고 유난히 강직했던 아버지의 유전인자를 물려받은 탓이었을까. 그런데 그런 때문지 않은 영혼을 지키기 위해서는 철저한 현실적인 준비가 필요하다는 것을 본인은 몰랐을까?

나는 단 한번도 그녀가 세속적인 잣대로 사람을 평가하는 것을 본 적이 없지만, 세상을 살아가기에 언니는 현실적으로 지나치게 나이브naive했다고 기억한다. 입만 열었다 하면 '가치'보다는 '가격'을 이야기하는 그런 종류의 부류들과 싸우기 위해서는 무엇보다 육체적인 건강이 따라 주어야 하는데, 언니는 그 '몸' 관리에 너무 소홀했다. 아니 오히려 타인의 육체적인 건강을 혐오했던 것 같았다.

어린 시절(나는 1945년생이다)에는 육체적인 나약함을 낭만으로 곧잘 미화하곤 했다. 도대체 인생이 낭만이란 단어와 무슨 상관이 있으며, 더구나 '멋있는' 인생이란 것이 어디 있단 말인가. 우리는 매 순간 나를 망가뜨리지 않고 살아남아야 할 의무가 있으며, 그것이 좋은 유전인자를 자녀들에게 물려준 부모에 대한 예의라고 생각한다.

인간은 해가 뜰 때 일어나고 달이 뜰 때 잠자리에 드는 것이 자연스러운 것인데, 덕희언니는 평생에 걸쳐 이 순서를 뒤집었다. 오히려 즐겼다고나 할까. 모든 부자연스러움에는 당연히 '부작용'

이 따른다. 본인이 약을 먹을 때에는 지나칠 정도로 꼼꼼하게 설명서를 읽으며 부작용에 관해 관심을 보이는 그녀가 정작 자기 인생 리듬의 부작용에는 무지했다. 언니가 유일하게 평생에 걸쳐 좋아했던 것이 '커피'인데, 식사는 겨우 한끼, 오로지 커피를 마시기 위한 준비에 불과했다. 형제들이 그렇게 많은데도 연락이 끊어지는 이유는 이렇게 낮과 밤이 뒤바뀐 생활 패턴도 한몫 했다고 생각한다.

　탐욕스러운 사람이 대체로 오래 살 수 있는 것은 아마도 욕심 그 자체가 육신을 지피는 에너지가 될 수 있었기 때문이 아닐까? 헌데, 세속적인 욕구와는 무관한 그녀의 육체는 어떻게 80까지 버티었을까. 그것은 언니의 표현대로 그녀에게 '깨달음'을 주기 위한 이유였을 것이다.

　가끔 언니랑 긴 통화를 하곤 했다.(물론 전화는 내 쪽에서 한다) 죽기 한달 전 쯤(그것이 마지막 통화였다) "진희야, 평생 내 육신을 잘못 관리한 것에 대한 청구서가 날아오고 있구나." 하지만, 그것을 깨달았을 때에는 이미 늦었을 때였다. 비교적 언니와 제일 가까운 곳에 사는 막내 여동생을 통해 언니의 근황을 듣곤 했다. 그런데 그것은 '근황'이라기 보다는 나에게 느껴지기에는 '소멸'의 과정이었다.

막내 여동생 가족이 언니 유품을 정리했다. 그중 나에게 전달된 몇권의 책이 있었다. 1966년 발행된 《아씨씨의 프란치스코》 전기와 최민순 신부에게서 직접 선물받은, 그분이 번역한 성경의 《시편》, 그리고 아버지에게서 물려받은 1954년에 발행된 《구약성경》이었다. 밑줄까지 그어가며 하도 여러번 읽어 페이지마다 닳아서 너덜거리는 그 책들의 모습을 보며 비록 형제라고는 하지만 과연 우리는 그녀의 진정한 모습을 제대로 알고는 있었던 것일까 하는 생각이 들었다.

그녀는 젊었을 때부터 주위 사람들에게서 '멋있다'라는 찬사를 많이 들었다. 하지만 건강을 잃은 '멋'은 아무 의미가 없다. 지금쯤은 그 육신의 모든 고통에서 벗어나 어린 아이와 같은 모습으로 부모님, 남동생과 재회하고 있으리라 위안을 삼아본다.

선생님의 마지막 친구가
올리는 글
전화 친구, 글 친구로 다사로웠던 나날

,

윤정희 [영화마케팅]

이덕희 선생님을 추모하는 책을 준비하신다는 소식을 들었습니다. 그리고 그 책에 제 글을 싣고 싶다는 이야기를 들었습니다. 이 글을 써야 하는지 오랜 시간 고민했습니다. 한 번도 만나 뵌 적이 없고, 이 책에 실리는 글을 쓰는 분들 가운데서 선생님과 알고 지낸 관계가 가장 짧은 사람이기 때문입니다. 그건 제가 아는 선생님의 모습이 본래 모습과 너무 다를 수 있다는 염려와 그로 인해 제 글이 혹여 선생님을 아는 다른 분들의 마음에 누가 될 지도 모른다는 걱정 때문이었습니다. 그러다가 이런 마음이 들어서 글을 쓰기 시작합니다. 어쩌면 선생님의 생에서 제일 마지막으로 알게 된 친구가 제가 아닐까, 그렇다면 제가 알고 느꼈던 선생님의 모습을 글로 남기는 것이, 그 글을 선생님께 올리는 것이 선생님의 마지막 가는 길에 제가 드릴 수 있는 유일한 것이 아닐까.

코리안 심포니 공연 표 보내며 소식 주고받아

사실 제가 처음 선생님과 연을 맺었던 통화도 바로 글 때문이었습니다. 그리고 선생님과 오랜 인연을 맺었던 임헌정 지휘자님 덕분이었지요. 당시 코리안 심포니 공연기획팀에 속해 있었던 저에게 예술감독으로 부임하신 임헌정 지휘자님께서 저에게 하신 첫 부탁이 모든 공연 표를 선생님께 보내드렸으면 한다고 하셨기 때문입니다. 선생님께서 몸이 많이 안 좋으셔서 참석은 힘드시겠지만 그래도 본인 공연에 초대를 하시고 싶다고 하시면서요. 아주 쉽게 생각했습니다. 선생님 댁으로 표 몇 장을 보내드리면 끝나는 일일 거라 생각했거든요. 처음 표를 보내고 사흘쯤 지나서인가 사무실에 저를 찾는 전화가 왔었습니다. 까랑까랑한 목소리로 단어 하나하나에 의미를 담으며 말씀하시던 분, 그게 처음 선생님과 진짜 인연을 시작하던 날입니다.

첫 통화의 내용은 그러했습니다. 코리안 심포니에서 편지가 왔기에 열어보았고, 그 봉투를 한참 뒤적이셨다는 것이었습니다. 본인은 글이 가장 소중한 것이라 생각한다고 하시면서, '윤정희가 보냄'이라는 글을 써도 좋으니 쪽지라도 보내야 한다고요. 그렇게 전화 친구이자 글 친구로서 선생님과의 인연은 시작되었습니다.

이제 와서 말씀 드리지만 사실 표를 보내드릴 때마다 선생님께 보내드리는 그 엽서 한 장이 꽤나 부담스러웠습니다. 마치 학생이 숙제검사 받는 그런 기분이었을까요. 아마 선생님이어서 그런 마음이 들었겠죠. 선생님께 짧은 글을 손으로 쓰기 위해 컴퓨터로 쓰고 지우기를 반복했고, 보내드릴 엽서 한 장도 많은 생각을 하고 구입했더랬습니다. 그걸 받으신 선생님은 다시 전화를 주시고 글을 쓸 기력도 없어서 이렇게 전화를 하는 것이 미안하다고 말씀하시기도 하였습니다. 그러나 제 글과 엽서를 보시며 이런저런 본인의 이야기를 해주셨던 것이 기억납니다.

언젠가 유럽투어 준비로 비엔나에 가서 구입한 클림트 엽서에 몇 자 적어 보내드렸더니 클림트에 대한 이야기와 유럽문화에 대한 이야기 등을 한참 하기도 하였습니다. 그리고 제가 보내드린 엽서를 거실 책꽂이에 놓아두며 매일 보신다고 말씀해주셨습니다. 그렇게 제 고민의 결과가 선생님의 말년에 작은 낙이 되어간다는

것을 알았습니다.

공연에 맞춰 책을 주신 배려

저에게 선생님은 작은 것 하나도 그냥 받는 적이 없는 분이셨습니다. 제가 준비하고 있는 공연을 여쭤보시고는 그에 맞는 책을 보내주셨습니다. 베토벤 공연을 준비할 때는 《왜 베토벤인가》라는 책을 주셨고, 모짜르트의 오페라 《마술피리》를 준비하고 있을 땐 《세기의 걸작 오페라를 찾아서》라는 책을 보내주셨지요. 리하르트 슈트라우스의 《짜라투스트라는 이렇게 말했다》를 준비할 땐 《그대는 충분히 고뇌하고 방황했는가》라는 선생님의 에세이를 보내주셨습니다. 그리고 그 책들 첫 페이지에 검정 색연필로 제 이름과 날짜, 그리고 저자라는 글이 적혀 있었습니다. 그러나 마지막에는 그 글조차 적기 힘드셔서 책만 보내주시게 되었습니다. 글이 소중했던 분이, 그래서 문장 하나라도 좋으니 반드시 적어 보내주었으면 좋겠다는 분이, 그 글조차 적기 힘든 날을 맞이하게 되었구나, 하는 생각을 홀로 했습니다. 선생님께서 생과 빨리 이별하고 싶다고 하신 말씀은 상상할 수 없는 육체의 아픔 때문일 수도 있지만, 본인이 사랑하시는 글을 더 이상 가까이 할 수 없게 된 것에 대한 좌절 때문일지도 모른다는 생각을 하기도 하였습니다.

그래도 이상하게 제가 우편물을 보내드리는 날은 기운이 나서 전화를 할 수 있게 되었다며 때론 30분, 때론 한 시간을 훌쩍 넘는 통화를 하였던 기억이 납니다. 통화 내용은 대부분 건강을 챙겨라, 본인은 젊었을 때 몸을 혹사해서 그 벌을 지금 받고 있는 것이다, 윤정희씨도 건강을 챙겼으면 좋겠고, 함께 일하고 있는 임헌정씨도 건강을 꼭 챙길 수 있도록 도와주라는 말씀을 모든 통화의 말미에 하셨더랬습니다. 그런 통화가 끝나면 임헌정 지휘자님께 그런 이야기를 말씀드리기도 하였는데, 그 때 임헌정 지휘자님은 다른 대답을 하지 않으시고 먼 곳을 바라보시기만 했던 기억이 납니다. 선생님에 대한 추억을 되짚고 계시는 것이 아닐까 혼자 추측해 보기도 하였습니다.

선생님과 마지막 통화는 제가 코리안 심포니를 그만두게 되었다는 말씀을 드리기 위한 것이었습니다. 그 마지막 통화도 선생님께서 늘 사랑하시는 글과 음악, 그리고 건강에 대한 이야기였습니다. 그리고 넉달 뒤인가, 선생님께서 전화를 주셨지만 받지 못했습니다. 개인적으로 이런저런 힘든 시간을 보내고 있었고 그것이 혹여나 선생님께 마음의 짐이 될까 염려스러워 피했습니다. 그리고 그것이 선생님과 마지막 추억이 될 줄은 몰랐습니다. 그게 지금까지도 그렇게 죄송스럽고 한스럽네요.

받지 못한 마지막 전화

선생님께서 떠나시고 한참 후에야 임헌정 감독님을 통해 선생님이 떠나셨다는 소식을 들었습니다. 조용히 선생님께 꽃 한송이 올리고 싶었는데 그럴 수 있는 곳도 없다는 이야기를 들었습니다. 대신 이렇게 선생님을 추억하는 글을 부탁받았습니다. 선생님과 처음 만났던 그 날도 선생님께서 저에게 글을 써달라는 말씀이더니 마지막까지 이렇게 글을 쓰게 하는구나 하는 생각이 들었습니다. 참 선생님다운 시작이고 선생님다운 끝이라는 생각이 듭니다.

선생님, 단 한번도 만나 뵙지 못했지만 그래도 선생님의 인생에서 마지막으로 사귄 친구가 제가 아닐까 생각해봅니다. 지독히도 더웠던 2016년 여름에 선생님을 떠나보냈던 그 날⋯⋯ 왜 그 전에 선생님께 전화를 다시 드리지 못했던 걸까, 너무도 한스럽습니다. 아니 사실 더 한스러운 건 선생님을 좀 더 빨리 만나지 못했다는 사실이 아닐까 싶습니다. 선생님이 더 건강하셨을 때 만났다면 새벽이 올 때까지 함께 술을 나누고, 선생님이 사랑하신 토스카니니의 음악을 들으며 보들레르의 글을 밤새 이야기 나눌 수 있었지 않았을까 싶습니다. 제가 불문학을 전공했다는 이야기를 듣고 보들레르의 《악의 꽃》에 대해 오래 이야기 나눴으니까요. "무슨 일을 해도 글을 멀리 하지 말았으면 합니다." 라는 것이 선생님의 말씀이셨죠. 어떤 책도 좋으니 항상 제 옆에 두었으면 한다고 말씀해주셨죠. 책을 읽을 때마다 선생님의 그 말씀이 떠오르는 걸 보니, 아주 짧은 시간 교유했고, 얼굴 한 번 뵌 적 없는 선생님이지만, 선생님은 제 깊숙이 자리잡고 계신가 봅니다.

고맙습니다. 감사했습니다. 그리고 마지막 전화를 받지 못한 그 날이 너무나도 죄송합니다. 마지막 가시던 그 길이 쓸쓸하지 않으셨길 바랍니다. 선생님을 사랑하고 선생님을 아끼고 감사한 사람들이 이렇게 많음을 꼭 잊지 않으셨음 합니다. 그래서 선생님의 생애가 따뜻하셨길 바랍니다.

선생님의 생에 마지막 친구, 윤정희 드림

육필편지,
가장 내밀한 담론
─이덕희 《역사를 창조한 이 한통의 편지》를 읽으며

,

김정환 [시인]

"마지막 저작이 될지도 모를 이 작은 결실을 부모님 영전에 바침."
저자는 헌사를 그렇게 썼다. 일순, 황막하다. 표지 앞날개 저자 근영을 보니 이덕희 선생, 젊은 시절 계란 미인형 외모는 아직 엄연하되 참 많이 늙으셨고 칠순을 넘겼다지만 나이보다 더 많이 세상에 지친 표정이 역력하다. 한 시대 온갖 장르 예술 문화 발전의 배경이자 토대, 그리고 전위까지 마다 않고 맡았던 산문작가가 바로 그다. 1972년 문리대 입학 후 공릉동 교양과정부 시절 간간이 들르다가 1973년 문리대 수업 시절부터는 본격적으로 진을 친, 낮에는 수업 빼먹으며 진치고 밤에는 술에 취해 와서 진 치던 학림다방에서 그녀는 이미 1968년 장편 소설 《회생》을 발표한 30대 중반 작가였지만, 카운터 맞은편 자리를 내내 독점한 '가구'였고, 눈부시게 청초했고, (그 당시로는) 신기하게 (거의 줄)담배를 당당하게 피워댔다. 1973년이 저물기 전 어느 날 술김에 뭔가 시비를 걸고 싶었던 마음 반, 친해지거나 (혹시) 사귀고 싶은 마음 반쯤으로 대체로는 흐리멍덩한 정신상태로 내가 "담배 한 대 빌립시다." 했던가 보았는데, 그 청초한 미녀 가구의 반응이 워낙 까탈의 벼락같았던지라, 그 후 10년 넘게 그러니까 내가 징역 2년 군대 3년 살고 글쟁이업을 시작하고 그녀가 날 어쭙잖으나마 글쟁이 후배로 '생각' 해줄 때까지 그녀는 공포의 대상이었다. 완벽하고, 아찔하고, 서늘한. 동시에 1975년(징역과 군대살이가 교차되던 때다) 그녀가 〈책머리에〉에서 밝힌 대로 《니진스키의 고백》(발췌일기 번역)으로 "본격적인 활동을 시작"한 이래 그녀는 내게, '까탈' 이전 청초를 능가하는 찬탄과 존경의 대상이었다. 역시 완벽하고, 아찔하고, 서늘한. 특히 무용 산문, 음악 산문, 연극 산문 등 온갖 예술 장르 산문이 그녀의 집필력에 의해 개척되거나 만개하거나, 예술 산문 수준에 달했던 것이다. 그녀 이전 각 분야 선구자들은 물론 있다. 하지만 '예술 산문'을 하나의 장르로 세운 것은 그녀가 쓴 글 각각의 예술성과 장르 종합성이 결합한 결과라고 할밖에 없다. 번역문학 부문에서도, 사정이 크게 다르지는 않다. 그녀보다 조금 어린 4·19 세대와 더불어 그녀는 한국어가 아름다운 번역의 지평을 연 사람이다. 그녀 저서 대부분이 예술성과 종합성을 아우르고 있지만, 역사라는 가장 거대한 담론과 육필편지라는 가장 내밀한 담론 사이 '창조'라는 말을 관계시킨 제목을 감당하면서 이 책은 이덕희 저서를 다시 한 번 종합하는, 이덕희를 능가하는 대목을 펼쳐 보인다.

"내 영혼은 슬픔에 빠졌소. 내 가슴은 노예처럼 사로잡혔는데, 나의 상상은 나를 두려움에 떨게 하오. 당신이 나를 덜 사랑한다는 생각…. (중략) 나의 심장이 보답 없는 사랑을 할 만큼 그토록 천한 것이라면, 차라리 그걸 내 이빨 사이에 갈아버리겠소. (중략)" 1796년 3월 30일, 니스에서 원정군 총사령관 나폴레옹이 결혼 후 불과 36시간 만에 이별한 신부 조세핀에게 보낸 두 번째 편지 내용 일부는 그렇다.(이 책, 24쪽) 〈몽환적 절규로 폭발된 영웅의 '밀월서간'〉이라는 첫 글에서 저자는 역사와 비사, 영웅과 그 연인, 사랑과 전쟁 양 쪽을 능수능란하게 하나로 아우르면서 정치의 스캔들을 매우 현대적인 사랑의 풍속도로 전화해낸다. 과연 그렇다. 중요한 것은 추문과 비사에 대한 호기심이 아니라 양자 사이 불화의 보편성을 인식하고 감내하는 당대적으로 절묘한 조화의 태도인 것이다. 나폴레옹과 조세핀 둘 다 그 점을 몰라 불행한 현대인으로 낙착되

고, 거듭난다.

두 번째 글은 문학소녀를 매개로 한 독일 악성 베토벤과 문호 괴테 사이 영혼 교류담이지만, 문학소녀의 센티멘털리즘과 대가의 위대한 영혼, 그리고 시대상황의 갈등의 수습이 다음과 같은 결론을 낳는데, 예술과 생활 사이 소녀의 맹신과 간계, 위대한 두 영혼의 관계 파탄은 씁쓸하지만, 그래서 더 감동적이고 더 현대적이다. (만년의 베토벤은) "악화된 건강에 경제적으로도 무척 곤궁한 처지에 있었는데, 괴테 시 〈고요한 바다와 행복한 항해〉에 부친 음악을 헌정…(중략) 〈장엄미사〉의 예약 판매에 대한 도움을 청하는 지극히 겸손한 그의 편지에 괴테는 아무런 답도 보내지 않았다. 다만 그의 일기에서 '우리는 베토벤의 편지를 받았다'는 간단한 기입만 볼 수 있을 뿐이다."(63쪽)

〈세계 음악계에 충격의 수수께끼 던진 악성의 '유일한 연애편지'〉는 그 유명한 '불멸의 연인'을 둘러싼 학문적 논쟁을 차분히 정리하고 있다. 여기서도 희대의 사기가 등장하지만 여기서 베토벤은 불행해서 행복하다. 나폴레옹의 육필 연애편지가 나폴레옹을 현대의 오텔로로 보편화한다면, 베토벤의 한평생 단 한번, 그러나 맺어질 수 없었던 '불멸의 여인'은 그를 더 현대적이라 더 위대한 예술가로 격상시킨다.

〈불가능한 사랑도 정복한 주체적 자유연애 주창자의 위대한 필력〉은 프로이트 정신분석학 이래 그보다 더 당대적이면서도 훨씬 더 멀쩡한 남녀 문제 분석에 달하고, 스탕달이 발자크에게, 그리고 보들레르가 바그너에게 보낸 편지도 더도 덜도 할 것 없이 작금 우리 문단(의 한심상과 그 와중 기적)을 보는 듯 눈에 선하고, 베를렌이 랭보에게 보낸 동성애 편지는 당시의 요란굉장했던 추문 그 자체를 벗고 동성결혼이 (일부) 인정되는 작금 우리 시대로 너끈히 연착륙하고 있으니, 이쯤 되면 놀랍다고 할밖에 없다. 토스카니니와 무솔리니 사이는 말 그대로 정치와 예술의 충돌 및 대결이고, 메테를링크가 블르와에게 보낸 편지는 종교적 개종에 관한 것이라, 앞서와는 맥락이 다소 다르지만 이덕희의 현실적 균형 감각은 변함없이 빛을 발한다.

이쯤 됐으니 찬탄만 할 게 아니라, 나도 뭔가 이 책에 좀 기여를 해야 쓰지 않겠나. "'음조의 그림tone painting'이라는 평가를 받는 걸작"(65쪽)이란 주석을 달긴했으나 베토벤 칸타타 작품 112 〈고요한 바다와 행복한 항해〉 음악과, 그 음악의 뼈대인 대조적 분위기의 괴테시 두 편의 가사가 없는 게 아무래도 좀 아쉬운데, 음악은 http://www.youtube.com/에서 'Beethoven Meeresstille und glückliche Fahrt'를 검색하면 들을 수 있고, 가사 내용은 대충 이렇다.

고요한 바다

깊은 고요가 지배하는 물속
바다는 동요가 없고
선원은 께름직하다, 미끈한 주변 평면이
어느 쪽도 바람 불지 않는다!
엄청난 너비로 움직이는
파도 하나 없다.

행복한 항해

안개가 부서진다
하늘은 쾌청하고
바람의 신 풀어준다
불안에 떠는 끈을
산들바람 분다
선원이 움직인다
어서! 어서!

파도가 갈라진다
먼 곳이 다가온다
벌써 육지가 보인다!

이덕희, 그녀는 우리 모두를 모종의 누추로부터 구원했다. 다음의 저서를 기다리는 마음 내가 그녀보다 분명 더할 것이다. 모든 후대의 운명이지만 그녀 세대의 낭만적 열정을 우리는 더 이상 당대로 누릴 수 없다. 그녀 글을 읽으면, 이상하게 소란 중에도, 베토벤 만년 현악 4중주 아다지오가 들린다. 육필편지는 개인의 역사가 아니라 역사의 개인을 보는 창이다. 그녀에게 건강과 행운을.

* 이 글은 2009년 출간된 《이 세상의 모든 시인과 화가》 중에 이덕희 선생에 대한 글이며 게재를 허락해 준 김정환 시인에게 감사드린다.

3부

베니스에서 죽다
— 정찬

,

1.

내가 영국의 배우 더크 보가드의 연기를 처음 본 것은 〈비엔나 호텔의 야간 배달부〉라는 이색적인 제목의 영화에서였다. 작년 가을 동네 비디오 가게에서 우연히 눈에 띄어 본 이 영화는 이탈리아 여류극작가이며 감독인 릴리아나 카바니가 이차대전 직후 나치의 강제 수용소에 갇혀 있었던 한 여자와의 인터뷰를 바탕으로 해서 만든 작품이다.

1958년 음산한 겨울의 비엔나 호텔. 공연을 위해 지휘자인 남편을 따라 이곳 호텔에 투숙하게 된 루치아는 야간 배달부 막스를 보고 충격을 받는다. 소녀 시절 강제 수용소에 수감된 적이 있었던 그녀는 살아남기 위해 친위대 장교 막스의 성적 노리개로 전락하는데, 나중에는 비정상적인 사랑으로 발전하게 된다. 새로운 상황에서 막스와 재회한 루치아는 두려움에도 불구하고 과거의 열정에 휩싸여 죽음이라는 비극적 종말 속으로 스스로 뛰어든다.

남녀의 가학적 성性 심리가 음울하게 그려진 이 영화에서 막스역을 맡은 더크 보가드의 연기가 인상적이었다. 하지만 나는 곧 그를 잊었다. 그를 기억하기에는 일상 생활이 너무 분주했다. 그런데 금년 3월초, 배우의 내면 세계에 관한 책을 뒤적이다가 우연히 그와 다시 마주쳤다. 구체적으로 말한다면, 영화 〈베니스에서 죽다〉에서 주인공 아셴바흐 역을 맡은 더크 보가드가 아셴바흐로 변신하는 과정을 고백한 글이었다. 〈베니스에서 죽다〉는 이탈리아 네오리얼리즘의 거장 루치노 비스콘티의 작품이다.

나는 방안을 천천히 돌면서 내 영혼을 지우기 시작했다. 그리고 내가 받아들여야 할 새로운 영혼의 고통과, 외로움 속에서 찾아오는 죽음을 생각했다. 그 영혼은 어느 틈엔가 내게 다가와 세월의 무게와 고독이 빚는 불안과 피곤을 등에 지고 텅빈 내 몸안으로 들어왔다. 나는 완전히 아셴바흐였다. 내 신체는 그의 영혼을 담기 위한 그릇에 불과했다. 영화가 촬영되는 수개월동안, 심지어 촬영장에서 집에 갈 때도 홀린 사람처럼 아셴바흐의 걸음걸이와 습관을 그대로 유지하고 있었다.

나는 그의 글을 읽으면서 두가지 점에서 놀라움을 금치 못했다. 첫 번째 놀라움은 영화의 원작이 토마스 만의 동명 소설이라는 점이었다. 내가 〈베니스에서 죽다〉를 처음 읽은 것은 20대 초반이었다. 세월은 세세한 것들을 잊게 했지만 소설의 분위기와 줄거리는 여전히 머릿속에 남아 있었다.

읽은 이는 알겠지만 줄거리는 빈약하기 짝이 없다. 작품 쓰기에 지친 저명 작가 구스타프 아셴바흐가 뮌헨의 공동묘지에서 낯설고 기이한 남자와 우연히 마주친 후 여행에의 욕구를 느끼는 것으로 소설은 시작된다. 2주일후 뮌헨을 떠나 베니스의 바닷가 호텔에 투숙하는데, 그곳에서 그리스 조각을 연상시키는 아름다운 소년을 보고 넋을 잃는다. 소년의 완전한 아름다움에 사로잡힌 그는 자신이 쌓아왔던 삶의 엄격함을 무너뜨리고 동성애적 쾌락 속으로 빠져든다. 그 내밀한 욕정은 베니스를 떠돌고 있는 치명적인 전염병조차도 달콤한 위험으로 바꾸어놓는다. 소설은 아셴바흐가 바닷가 모래톱에 홀로 서 있는 소년을 황홀하게 바라보다가 숨을 거두는 것으로 끝난다.

소설의 대부분이 아셴바흐의 삶과 예술에 대한 사유와 관념으로 이루어져 있다. 중요한 인물인 소년조차도 아셴바흐의 엿봄의 대상으로만 존재할 뿐이다. 그런데 작품 속을 조금만 유심히 들여다보면 도처에서 죽음의 이미지와 마주친다.

공동묘지의 비잔틴 양식 건물 위에서 아셴바흐를 내려다보고 있는 남자는 나그네의 신이며 명부(冥府)의 안내자인 헤르메스의 모습과 일치한다. 베니스행의 낡고 우중충한 기선과, 베니스에서 타게 되는 곤돌라 역시 죽음의 이미지로 채색되어 있다. 어둡고 침울한 죽음의 이미지는 아셴바흐가 소년을 만나면서부터 밝고 아름다운 이미지로 전환한다. 이 전환이야말로 소설이 품고 있는 중심 상징으로, 완전한 아름다움을 본 대가가 죽음임을 토마스 만은 은밀히 속삭이고 있다. 이런 관념 소설을 영화로 만들었다는 사실 자체가 놀라웠다.

또 하나의 놀라움은 더크 보가드의 고백이었다. 배우의 변신에 대해 막연히 생각해왔던 나에게 영혼을 통째로 바꾸는 그의 변신 과정은 대단히 인상적이었다. 그 놀라움들은 영화에 대한 호기심을 자극하기에 충분했다. 하지만 유감스럽게도 우리나라에서는 상영조차 되지 않았을 뿐 아니라 비디오로도 출시되지 않았음을 알았다.

그로부터 두달이 지난 5월 어느 날 나는 L선배로부터 뜻밖의 말을 들었다. 구스타프 말러에 관한 이야기를 하던 중 그녀의 입에서 느닷없이 문제의 그 영화가 튀어나온 것이었다. 그녀는 루치노 비스콘티라는 걸출한 감독이 만든 영화 〈베니스에서 죽다〉를 본 적이 있다면서, 주인공의 분장이 말러를 연상시키더라고 했다.

깜짝 놀란 내가 그 영화를 어떻게 보았느냐고 묻자 L선배는 은근한 목소리로 "비디오" 하고 짧게 대답했다. 그게 비디오로 나왔느냐는 거듭된 물음에 그녀는 옛 제자가 오스트리아에서 선물로 사온 것이라면서, 독일어를 알아들을 수 없어 갑갑하긴 했지만 소설의 줄거리와 연결시키면서 보니 무척 재미있더라고 했다.

너무나 반가왔던 나는 그것을 빌려달라고 했다. 그런데 L선배는 뜻밖에도 거절했다. 곤혹스러운 표정이기는 했으나 거절의 목소리는 단호했다. 자신의 소유물 가운데 빌려줄 수 없는 것들이 여럿 있는데, 비스콘티의 비디오가 그 중의 하나라는 것이었다. 어떤 물건보다 소중히 취급할 것이며, 본 즉시 돌려주겠다는 나의 간절한 요청에도 불구하고 L선배는 그것이 자신의 품에서 떠난다는 것은 예기치 않은 사태에 의해 훼손될 수 있는 가능성 속으로 들어가는 것이라면서 자신은 그런 끔찍한 불안에 사로잡히고 싶지 않다고 했다. 해석이 쉽지 않은 묘한 대답이었다.

"그러면 주인과 똑같은 마음을 가지면 되겠네요."

의외의 거절에 나는 저으기 당황했으나 애써 밝은 목소리로 말했다.

"주인이 아닌 사람이 어떻게 주인과 똑같은 마음을 갖겠어."

그녀의 말은 맞았다. 하지만 그것은 차가운 논리일 뿐이었다. 우리는 차가운 논리로 맺어진 관계가 아니었다. 그녀는 내 소설의 심층을 들여다보는 눈 깊은 독자였다.

작가의 입장에서 자신의 소설을 깊이 들여다보는 친구가 있다는 것은 커다란 행복이다. 나보다 십오 년여 연상이긴 하지만 예술에 관한 한 우리는 다정한 친구였다. 그런 친구에게 거절을 당했으니 당황할 만도 했다. 그녀와의 교유 이래 무엇을 빌려달라고 부탁하기는 처음이었다. 더욱이 그 빌림의 대상이 단순한 물건이 아니라 예술적 상관물이었다. 물론 그렇다고 해서 나의 부탁을 들어주어야 한다는 법은 없다. 문제는 거절의 이유였다. 그것이 명쾌했다면 내가 당황할 까닭이 없었다. 어쩌면 유쾌하게 웃었을지도 모른다. 하지만 유감스럽게도 전혀 명쾌하지가 않았을 뿐 아니라 이해하기조차 힘들었다.

나는 L선배의 희귀한 개성을 누구보다도 잘 알고 있었다. 그 희귀함은 그녀의 철저한 아웃사이더적 삶에서 잘 드러난다. 세속적인 시선으로 보아도 아웃사이더의 면모가 금방 눈에 띈다. 우선 그녀는 독신이다. 우리 사회는 독신 여성에 대해 유별난 호기심을 갖고 있다. 특출한 예술적 저서와 번역서를 통해 일찍부터 대중의 시선에 노출되어 있었던 그녀에게 이 호기심이 끈덕지게 따라다녔음은 말할 나위가 없다. 그것이 지긋지긋했던지 언젠가 결혼을 안 한 이유에 대해 잡지를 통해 고백한 적이 있었다. 그 글에서 다음의 내용이 특히 인상적이었다.

정신. 삶을 직접적으로 즐기는 것을 방해하고, 무엇이나 꼬치꼬치 따지고 분석하고 까다롭게 구는 귀찮은 놈. 그러나 한없이 높고 맑은 에테르처럼 별에까지 도달할 수도 있는 저 신비한 불굴의 힘. 이 정신이라는 것에 쫓겨본 사람이면 시장기나 목마름과도 같이 현실적이고 절박감을 지닌 것임을 인정하리라. 또한 이 정신이라는 것은 고독을 공기처럼 필요로 하기 때문에 그것 없이는 조만간에 질식감을 느끼게 되리라. 결혼생활이란 간단히 말해서 남녀 두 사람이 '터놓고' 사는 것을 의미한다. 그런데 정신이라는 놈은 도대체 누구와도 터놓고 지내는 걸 용납하지 않는다. 게다가 나는 '집 안'에선 본질적으로 정신이 되어버리기 때문에 다른 존재를 참을 수가 없는 것이다.

우리의 교유는 꽤 오래 전부터 시작되었지만 그녀의 집에 가본 적이 없다. 그녀가 사는 동네 다방에서 여러번 만났는데도 한 번도 '집 안'을 구경시켜주지 않았다.

낮과 밤을 거꾸로 사는 생활방식도 아웃사이더적이다. 그녀의 정신이 빛나는 시간은 깊은 밤이다. 삶의 중요한 활동은 당연히 밤에 이루어진다. 책읽기와 음악듣기와 글쓰기가 그 활동의 모습들이다. 특히 음악에 대한 그녀의 열광은 '운명적'이라는 수식어를 붙여도 조금도 어색하지 않다. 그녀가 세상에 내놓은 저술과 번역서들 중 음악과 관련된 것이 압도적으로 많음은 그것을 증명한다.

시간을 거꾸로 세운 삶의 방식은 그녀에게 정신의 풍요를 준 대신 육체의 건강을 앗아갔다. 귀가 예민한 그녀는 온갖 소리들이 떠도는 낮에 깊이 잠들지 못한다. 만성적인 수면부족은 건강에 치명적이다. 더욱이 정신에 탐닉하는 존재가 갖기 쉬운 육체에 대한 경멸이 그녀의 건강을 일찍부터 잠식했던 터였다.

이십대 시절 그녀는 수면제 중에서도 가장 독한 세코날을 상습적으로 복용했다. 여섯알 이상 먹으면 생명에 위험을 초래할 수도 있는 약이었음에도 열알까지 먹은 적이 있었다. 심지어 어떤 날은 몸 안으로 들어가는 세코날의 양에 따라 의식이 어떤 상태로 변하는지 너무 궁금해 일기장을 펼쳐놓고 직접 실험까지 했다. 그 결과 L선배는 일찍부터 육체의 눈치를 보는 처지가 되어버렸다. 조금만 무리하면 육체가 반란을 일으켰다.

아무튼 나는 L선배가 제시한 거절의 이유를 해독하지 못해 난처한 입장에 처해 있었다. 못 빌려주겠다는 이에게 이유를 자꾸 캐묻는 것도 여간 난감한 일이 아니다. 누가 요청을 하더라도 그녀의 대답이 똑같을 것임을 나는 알고 있었다. 하지만 그냥 넘어가자니 가슴안에서 서걱거리고 있는 감정의 찌꺼기가 거북스러웠다.

"주인의 품에 있다고 해서 훼손의 가능성이 사라지는 건 아니지 않습니까?"

결국 나는 가시 돋힌 말을 뱉고 말았다. 그것은 거절의 이유에 대해 시비를 거는 질문이었다.

"일반적인 물건일 경우에는 그렇지."

그녀의 목소리는 담담했다.

"특별한 물건이라도 마찬가지죠. 물건인 이상 훼손의 가능성은 상존하니까요."

"그러니까 그건 물건이 아니야."

"비디오는 분명 물건입니다."

"맞는 말이면서도 틀린 말이기도 해."

고개를 비스듬히하고 있던 그녀는 나를 똑바로 보았다. 테가 굵은 구식 안경 속에는 눈이 반짝이고 있었다. 나이에 비해 놀랄만큼 맑은 눈이었다. 그녀가 뭐라고 말하려는데, 모 출판사 주간인 H씨가 나타났다. 이마가 유난히 넓고 몸이 호리호리한 그는 L선배와 무척 가까운 출판인이었다. 외출을 끔찍이도 싫어한 그녀가 시내로 나온 김에 두 사람을 동시에 부른 것이었다. H씨의 출현으로 중단된 우리의 대화는 다시 이어지지 않았고, 나는 감정의 찌꺼기를 고스란히 간직한 채 집으로 돌아왔다.

2.
다음날 오후 여섯시쯤 나는 거실에서 신문을 보고 있었다. 창으로 스며드는 저녁의 잔광은 회색이었다. 특별히 읽고 싶은 기사가 없는 데다 졸립기도 해 신문을 덮으려는데 〈사이버 금광은 빠른 사람의 것…… 속도가 돈이다〉라는 제목이 눈에 들어왔다. 미국의 경제잡지 '포춘'에 실린 기사를 요약한 것으로 대충 이런 내용이었다.

인터넷 관련 기업의 경영자들은 전통적 기업의 경영자들보다 다른 양태를 보인다. 그들이 무엇보다도 강조하는 것은 속도다.

〈생각의 속도〉란 책을 펴낸 마이크로소프트 빌 게이츠 회장처럼 남보다 빨라야 한다는 데 광적으로 집착하는 그들은 항상 핸드폰과 쌍방향 삐삐, 팜탑, 랩탑을 끼고 산다. 빨리 움직여야 하는 가장 큰 이유는 기업의 기반인 전자세계가 '실체 없는 세계'이기 때문이다. 인터넷에서는 1위가 중요할 뿐 2위는 아무런 의미가 없다고 그들은 한결같이 말한다.

나는 묘한 기분이 되어 신문에서 눈을 뗐다. 실체 없는 공간 속에서 빛처럼 질주하는 인간의 모습이 떠올랐다. 아마 그들은 결코 뒤를 돌아보지 않을 것이다. 뒤를 돌아본다는 것은 머뭇거림을 의미하고, 머뭇거림은 느림을 초래하기 때문이다. 정보화시대의 가장 큰 악덕이 느림임은 초등학생조차도 알고 있다.

전화벨이 울렸다. L선배였다. 그녀는 불쑥 모레 저녁에 만날 수 있겠느냐고 물었다. 나는 무슨 일이냐고 되물었다. 만난 지 불과 하루 만에 또 만나자고 한 것은 처음이었다. 그녀의 집과 나의 집은 택시로 15분 여밖에 걸리지 않는 비교적 가까운 거리지만 일 년에 두세 번 만나는 게 고작이었다. 그러니까 아주 특별한 경우에만 만난다.

나의 물음에 그녀는 시간이 괜찮다면 모레 저녁 동숭동 학림다방에서 내가 빌리고 싶어했던 비디오를 같이 보자고 했다. 예상치 못한 제의였지만 응하지 않을 수가 없었다. 내 청을 거절해놓고 마음이 편치 않았던 그녀가 궁리 끝에 찾은 해결책임을 묻지 않아도 알 수 있었다.

L선배와 학림다방과의 관계는 그녀의 대학 시절부터 시작된다. 낡아서 삐걱거리는 나무 계단 위에 다락처럼 떠 있는 그 남루한 공간은 관념에 홀린 젊은 영혼이 위대한 망상을 꿈꾸었던 작은 둥지였다. 겨울 새벽 수유리 화계사로 산책나갔다가 불현듯 모차르트가 듣고 싶어 미친 듯이 달려와 LP판을 올려놓았던 곳이기도 했고, 자살로 생을 마감함으로써 영원한 아웃사이더가 되어버린 전혜린을 죽음 하루 전날 만난 곳이기도 했다.

약속시간을 저녁 6시로 정하고 전화를 끊었는데, 문제의 그 비디오가 왜 물건이 아닌지 한층 궁금했다. 나중에 안 사실이지만 내 청을 거절했던 그날 저녁 L선배는 학림의 젊은 사장 K에게 전화해 이러이러한 일로 모씨와 함께 비디오 볼 일이 생겼으니 3층 별실을 쓸 수 없겠느냐고 물었다. K는 비디오 기기가 얼마 전 고장이 나 아직 고치지 못했다면서 꼭 봐야 한다면 딴 곳에서 빌려오겠다고 했다. 결국 그는 근처에 사는 친구의 것을 빌려와 우리가 볼 수 있게끔 조치해놓았다.

L선배가 K를 알게 된 경위를 생각하면 웃음을 금할 수 없다. 92년 늦여름, 당시 음악 전문지 만드는 일을 하고 있었던 나는 원고 문제로 동숭동 대학로에서 L선배를 만났다. 저녁 식사 후 가벼운 술추렴을 하고 나니 10시쯤 되어 있었다.

L선배는 거의 평생 서울에 살았음에도 갓 상경한 시골사람처럼 서울 지리에 까막눈이었다. 그것도 보통 까막눈이 아니어서 생활의 필요에 따라 규칙적으로 다니는 몇몇 길에서 벗어나면 그만 미아가 되어버렸다. 그녀에게는 낯선 길에 대한 예민한 두려움이 있었다. 언젠가 늦은 밤 그녀의 안전한 귀가를 위해 동행한 적이 있었다. 택시가 잘 잡히지 않아 버스를 탔는데, 착오로 한 정거장을 지나쳤다. 길 안내자만 믿고 마음을 놓고 있었던 그녀는 낯선 풍경에 경악을 하며 여기가 어디냐고 거의 외치듯 말했다. 한 정거장이라고는 하지만 도보로 5분 정도의 거리를 벗어났을 뿐이었다. 모차르트의 음악 속에서는 우주를 유영하는 그녀지만 몸의 길에서는 그토록 꼼짝을 못 했다.

아무튼 그날도 나는 길 안내자가 되었다. 지하철 타는 것이 나을 것같아 L선배에게 동의를 구했다. 좋다고 했다. 하지만 승강장으로 들어온 전동차를 보더니 저 속에서 어떻게 숨을 쉬느냐면서 손사래를 쳤다. 승객이 적지는 않았지만 그렇게 많은 것도 아니었다. 하지만 기겁을 하는 그녀에게 저 정도면 충분히 탈 만하다고 말하기가 힘들었다. 논의 끝에 술 한 잔 더 마시기로 합의했다. 한 시간 후쯤이면 승객의 수가 줄어들 것이라는 판단에서였다. 다시 지상으로 올라온 우리는 길 주변을 두리번거렸다. 학림이라는 굵은 명조체 간판이 눈에 띄었다. 저기가 좋겠다는 나의 말에 그녀는 뜻밖에도 손사래를 쳤다. 지하철 승강장에서 한 것보다 훨씬 강한 손사래였다. 사연은 이랬다.

　L선배가 학림을 다시 찾은 것은 85년 가을이었다. 세월이 흘렀으나 가파른 나무계단은 여전했다. 추억에 이끌려 안으로 들어갔다. 하지만 그녀가 본 것은 옛날의 아늑한 공간이 아니었다. 그곳은 상업적인 냄새가 물씬 풍기는 레스토랑으로 변해 있었다. 과거의 시간이 훼손되어버린 듯한 느낌은 통렬한 아픔을 몰고와 그곳을 찾은 것을 두고두고 후회했다고 한다.

　사연을 듣고 나니 호기심이 일었다. 어떻게 변해 있길래 저러는가 싶어 잠시만 기다리라고 말한 후 혼자 학림으로 올라갔다. 문을 열고 실내를 훑어본 나는 고개를 갸웃거렸다. 나무 탁자와 빛바랜 소형 소파, 벽에 걸린 흑백 사진, 어두우면서도 편안한 조명, 은은히 흐르는 클래식 음악. 그녀의 이야기가 연상시킨 천박함은 어디에도 보이지 않았다.

아래로 내려와 그 광경을 말해주었더니 L선배는 '지금 나를 놀리는 게 아닌가' 하는 눈초리로 내 얼굴을 찬찬히 살폈다. 올라가보면 진위를 알 수 있지 않느냐는 나의 제의에 그녀는 미심쩍어하면서도 가파른 나무 계단에 발을 딛었다. 아주 조심스럽게, 천천히 오르는 그녀의 뒷모습은 긴장과 불안을 잔뜩 머금고 있었다. 마지막 계단을 올라서서는 문을 여는 대신 창을 통해 안을 살폈다. 그러다가 문을 조금 열면서 긴 목을 안으로 집어넣더니 주위를 두리번거렸다. 휘어진 그녀의 몸이 쑥 들어간 것은 몇초 후였다.

"왜 이렇게 달라졌지!"

그녀는 믿어지지 않는다는 표정으로 연신 주위를 두리번거렸다. 얼굴이 어린아이처럼 환해져 있었다.

"여기가 내 자리였어."

그녀가 다가간 곳은 창가 테이블이었다.

"해질 무렵 여기에 앉아 있으면 창호지 문살을 뚫고 연한 노을이 쏟아져들어왔지. 그 노을들은……"

그녀는 뭐라고 말할 듯하다가 입을 다물었다. 눈이 살며시 감기고 있었다.

"저, 실례하지만……"

낯선 남자가 회상에 잠긴 그녀에게 조심스럽게 말을 걸었다.

어디론가 사라져버린 노을을 생각하고 있는 듯한 그녀의 자욱한 눈에서 의아한 빛이 떠오르고 있었다.

"혹시 ○○○선생님이 아니십니까?"

"그렇습니다만……"

"어이쿠 반갑습니다."

그가 바로 K였다. 학림이 수많은 젊은이들에게 추억을 남긴 채 문을 닫은 것은 1983년이었다. 주인이 미국으로 이민가버린 것. 새 주인은 대학로라는 새로운 소비 문화 거리의 고객 취향과 맞지 않는 학림의 60년대 분위기를 털어내었다. L선배가 망연자실한 것은 당연했다. 학림의 분위기가 다시 바뀐 것은 87년 K가 학림을 인수하고부터였다. 그는 과거의 정취를 살리는 데에 골몰했다. 내부단장을 새롭게 하는 한편, 학림의 추억을 안고 찾아오는 '늙은 손님'들을 반갑게 만났다. 방명록도 만들었는데, 그들이 남긴 글들은 빛 바랜 흑백사진처럼 정감을 불러일으켰다.

―우리의 옛사랑이 머물던 곳. 학림다방에 4·19 세대의 한 사람이 34년만에 다녀가다.

―저는 귀 다방에 자주 들른 객으로서 추운 겨울날 따뜻한 난로를 쬐게해주어 감사함을 표하나이다.

―멀리서 왔습니다. 마로니에와 미라보 다리 밑으로 떨어지던 노란 개나리꽃, 우리 헨리 아범과 데이트하던 그 아름다운 추억을 생각하며.

옛손님들에게 학림의 터주와도 같았던 L선배의 전설적 이야기를 여러차례 들었던 K는 언젠가 찾아오리라는 믿음에서 그녀와 비슷한 인상의 손님을 보면 유심히 살폈다고 한다.

3.
여섯시 조금 못 되어 학림으로 들어서니 창가에 앉은 L선배가 보였다. 번거로운 일을 만들어 죄송하다고 했더니, 그녀는 고개를 흔들면서 그렇잖아도 한 번 보고 싶었는데 오히려 잘 되었다고 했다. 나는 무슨 말인지 몰라 눈만 껌벅거렸다.

"비디오 기계를 사긴 사야겠어. 보고 싶어도 볼 수가 없으니."
"기계가 고장난 모양이군요."
"고장난 게 아니고 기계가 아예 없어. 〈베니스에서 죽다〉도 여기서 봤어. 제자와 함께."
"그때가 언젠데요?"

"삼사년은 족히 됐을 걸."

"그동안 계속 잠자고 있었군요."

"응, 나와 함께."

"텔레비전은 있습니까?"

"있긴 한데 고장이 났어. 오래전에."

"세상과 아주 격리되었군요."

"그래도 신문은 봐."

"저는 가끔 선배의 집 안 풍경을 상상해보곤 하지요."

"불온한 상상이군."

"왜요?"

"난 혼자 사는 처녀야."

"불온해도 할 수 없지요."

"할 말이 없군. 인간에게서 박탈할 수 없는 유일한 자유가 상상이니까."

"그런데 무엇이 가장 자주 떠오르는지 아세요?"

"글쎄, 뭘까?"

그녀는 호기심 어린 눈으로 나를 보았다.

"램프등이에요."

도시에 사는 이가 램프등을 사용할 까닭이 없다. 특이한 취향 때문에 전기불을 마다하고 원시적인 조명기구를 사용하는 이들이 없다고는 장담 못 하겠지만 그녀가 램프등을 쓴다는 이야기는 한 번도 듣지 못했다. 그런데도 홀로 조용히 타오르는 램프등이 떠오르곤 했다.

"유감스럽지만 나에겐 램프등이 없는걸."

"그러니까 상상이지요."

둥글면서도 부드러운 램프등의 불이 내부를 어슴푸레 밝히고 있다. 벽이라든가 천장은 보이지 않고, 오래된 책들과 구식 오디오, 낡은 LP판들만이 눈에 띈다. 그들은 저마다 독특한 형태를 이루며 고요히 누워 있다. 가끔 몸을 뒤척이기도 하는데, 그럴 때면 작은 소리들이 들려온다. 책장 넘기는 소리, 펜이 사각거리는 소리, 한숨 소리, 종이 구겨지는 소리들이.

"왜 램프등이 떠오르는지 궁금하군."

"망자의 혼이 떠도는 곳이니까요."

"........."

"전 지금도 소중히 기억하고 있습니다."

"뭘?"

"삶의 비밀이 적힌 암호가, 우주의 신비를 푸는 열쇠가 있는 것처럼 밥 먹는 것 잠자는 것을 의식적으로 무시한 채 책 속에 파

묻혀 망자의 지혜와 더불어 황홀한 공감을 맛보았다는 선배의 글 말입니다. 이십대 시절을 회상하며 쓰신 글이었죠?"

"응, 그랬지."

"선밴 지금도 그들과 함께 살고 있지 않습니까?"

"망자의 혼들과?"

"네."

"맞아."

그녀는 순순히 고개를 끄덕였다.

"망자의 혼은 전기불을 싫어하지요. 너무 밝으니까요."

"그럴듯하군."

그녀는 피식 웃으며 말했다.

"램프등 말고 또 떠오르는 게 있어요."

"흠, 그건 뭐지?"

"시간입니다."

"시간?"

"램프등을 감싸며 흘러가는 시간은 눈에 보입니다. 속도가 워낙 느리니까요."

"왜 느리지?"

"망자의 혼들은 느린 시간 속에서만 숨을 쉬는 법입니다. 그러니까 삶의 비밀이 적힌 암호는 느린 시간 속에 있지요. 요즘 젊은 이들은 그 암호를 어디에서 찾는 줄 아십니까?"

"글쎄……"

"가상의 공간에서 찾습니다."

"가상의 공간이라니?"

"컴퓨터가 만드는 공간이죠. 인터넷 해 보셨어요?"

"컴퓨터도 없는데 어떻게 해. 누가 갖다 줘도 사양하겠지만."

"책 속으로 들어간다는 것은 미궁 속으로 들어간다는 것을 의미합니다. 진리라는 심연에 이르는 길은 언제나 미궁이니까요. 제 말, 동의하십니까?"

"물론."

"인터넷이라는 공간도 미궁이지요. 우주의 비밀을 푸는 열쇠가 들어 있는."

"신비로운 미궁이군."

"하지만 그 속에는 어둠이 없습니다. 어디서나 환하지요. 과거가 존재하지 않으니까요."

"과거가 존재하지 않는다면?"

"현재만이 존재합니다. 미래로 끊임없이 뻗어나가는."

"끔찍한 세계군. 내가 그 속으로 들어가면 숨이 막혀 죽겠는

걸."

"지하철 전동차 속처럼요?"

"차라리 전동차 속이 나을 것같은데."

그녀는 눈을 끔벅이며 말했다.

"하지만 그들에게는 우주 공간인걸요. 별은 없지만."

"작가인 그대에게도?"

"전 그 속으로 안들어갑니다. 엿보기만 할 뿐이지요."

"은밀한 구멍이 있나보군."

"아주 은밀한 구멍이지요. 찢긴 시간의 틈새니까요."

언제 내려왔는지 K가 준비를 다 했다고 말했다. 우리는 3층으로 올라갔다. 천장이 낮고 작은 창이 있는 별실은 영화 보기에 안성맞춤이었다. 그녀는 커다란 핸드백에서 문제의 비디오를 조심스럽게 꺼냈다.

"음향이 좋아야 하는데……."

중얼거리는 듯한 그녀의 말에 나는 고개를 끄덕였다. 화면 상태가 좋아야 함은 물론이지만, 음향의 중요성도 그에 못지 않은 것은 구스타프 말러의 곡이 영화 전편에 흐르기 때문이다. 더욱이 독일말을 알아 듣지 못하는 우리로서는 그것들의 중요성이 거의 절대적이었다. 하지만 화면과 음향 모두 좋지 않았다. 처음에는 비디오 탓이 아닌가 생각했으나 기계의 결함 탓임이 곧 밝혀졌다. K는 예상치 못한 기계의 조악에 당황했으나 엎질러진 물이었다.

　영화 속의 아셴바흐는 원작과는 달리 음악가였다. L선배의 말대로 분장한 더크 보가드의 모습이 말러와 흡사한 데가 분명 있었다. 1911년 5월 18일 토마스 만이 그가 존경한 작곡가 구스타프 말러의 죽음을 들은 후 베니스로 여행을 떠난다. 이 체험을 바탕으로 〈베니스에서 죽다〉를 쓰게 되는데, 작가는 훗날 "나는 황홀하게 죽은 아셴바흐에게 위대한 음악가의 이름 구스타프를 붙였고, 그의 외모에 말러의 가면을 씌웠을 뿐이었다"라고 밝혔다.

　작고 마른 몸매에 길고 창백한 얼굴, 진흙색 머리카락과 가파른 이마의 금욕적 신비주의자 구스타프 말러가 심장병 선고를 받은 것은 그의 나이 마흔일곱 살 때인 1907년이었다. 이듬해 작곡한 〈대지의 노래〉는 아홉번째 교향곡이었으나 베토벤과 브루크너가 교향곡 9번을 완성하고 죽은 사실에 두려움을 느껴 아홉이란 숫자를 피했다. 하지만 그에게 교향곡은 피할 수 없는 운명이었다. 1909년 교향곡 9번을 세상에 내놓은 후 곧 10번 교향곡 작곡에 착수했으나 완성을 하지 못한 채 폭풍우가 몰아치던 1911년 5월 18일 밤 숨을 거두었다. 임종 직전 그의 입에서 모차르트란 말이 두 번 새어나왔다.

영화가 절반을 넘어서면서부터 화면에 심각한 이상이 생기기 시작했다. 영상이 심하게 떨릴 뿐 아니라, 단속적으로 번쩍거리는 흰 빛에 눈이 피곤할 정도였다. K의 노력에도 불구하고 효과는 전혀 없었다. 화면의 이상은 더크 보가드의 깊은 연기는 물론 화면의 서정적 아름다움도 죽이고 있었다. L선배는 연신 한숨을 쉬었고, K는 큰 죄를 지은 것처럼 안절부절을 못 했다.

그 영화에서 가장 보고 싶었던 것은 마지막 죽음의 장면이었다. 아름다움과 관능적 사랑, 죽음. 이 셋은 작가 아셴바흐의 삶 속에서 서로 다른 공간에 존재했다. 그런데 신성한 소년은 셋을 한 줄에 나란히 꿰어 그에게 내밀었고, 아셴바흐는 그것을 받음으로써 황홀한 죽음을 맞는다. 바다에 홀로 서 있는 소년을 보면서 죽음의 세계로 들어가는 아셴바흐를 어떻게 영상화했는지 궁금하지 않을 수 없었다. 하지만 갈수록 심화되어가는 화면의 반란은 차분한 감상을 불가능하게 만들었다. 그리하여 죽음의 이미지를 빛살처럼 투명하고 부드럽게 감싸는 말러의 교향곡 5번 4악장 아다지에토의 선율조차도 반란에 합세하는 최악의 상태와 맞닥뜨렸다.

우리는 쓸쓸한 마음으로 학림을 나왔다. 거리는 벌써 어두워져 있었다. 아무것이나 먹지 못하는 L선배를 위해 조금 먼 거리임에도 불구하고 내가 아는 음식점을 찾아갔다. 하지만 그 자리에 엉뚱한 간판이 있었다. 그동안 가게가 바뀐 모양이었다. 조악한 영화를 보면서 진을 다 뺀 L선배는 지쳐 걷지도 못하겠다면서 아무 곳이나 들어가자고 했다. 그러면서 오늘은 일진이 좋지 않은 모양이라고 혼잣말하듯 중얼거렸다. 우리가 들어간 곳은 근처 순두부집이었다. 다행히도 그녀는 밥이 맛있다면서 흡족해 했다.

식사 후 다시 학림으로 올라갔다. 내가 진토닉을 시키자 L선배는 "그 술 맛 본지 꽤 오래 됐네" 하고 처연히 말했다. 진토닉에 함유된 키니네 성분이 머리를 맑게 해 자주 마셨다고 했다. 젊었을 때 술을 무척 즐겼던 그녀는 〈주신酒神에게 갈채를〉이란 제목의 에세이에서 "인류의 위대한 발명물의 하나인 영묘한 알코올의 마력을 맛보지 못한 자는 불행한지고!"라고 쓰기까지 했다. 하지만 그녀의 몸은 언젠가부터 술을 제대로 받아들이지 못했다. 그렇게 좋아했던 담배마저 끊을 수밖에 없었다. 몸의 눈치를 보며 살고 있는 자신의 처지가 진토닉에 의해 새삼 상기된 것 같았다.

"말러가 동성 연애자였나요?"

나는 아셴바흐를 염두에 두고 물었다.

"전혀."

그녀는 고개를 가로저었다.

"난 소년의 존재를 성적 개념으로 보지 않아. 남성도 여성도 안느껴지는 중성적 존재라고나 할까. 그렇지 않으면 예술가가 꿈꾸는 궁극적 아름다움의 표상이 될 수가 없어."

"저도 같은 생각입니다만, 왜 어린 소년을 아름다움의 표상으로 선택했을까요?"

"단정할 수는 없지만 그리스적 취향이 아니었을까?"

일리가 있는 말이었다. 토마스 만이 아셴바흐의 독백을 통해 그리스 철학자 소크라테스와 젊은 문필가 파이드로스를 끌어들인 것은 의미심장하다. 플라톤의 저서 〈향연〉은 사랑에 관한 대화록이다. 여기에는 소크라테스와 파이드로스를 비롯, 의사이자 자연철학자인 에뤼크시마코스, 희극 시인 아리스토파네스, 비극 시인 아가톤, 아가톤의 연인 파우사니아스 등이 등장하여 사랑에 대해 토론을 벌이는데, 그들은 한결같이 소년과의 사랑을 신적인 아름다움의 표상으로 찬미한다.

"난 그 영화를 처음 본 후 한동안 딸기를 먹지 못했어. 무른 딸기를 보기만 해도 눈을 돌려버렸으니까."

"왜요?"

"생각 안 나? 소년의 뒤를 쫓던 아셴바흐가 미궁과도 같은 도시의 안쪽 골목에서 길을 잃고 헤매다 지쳐 무른 딸기를 사 먹잖아. 그후 바로 죽음의 장면으로 전환되거든. 그러니까 딸기는 죽음의 과일인 셈이지. 콜레라 균이 들어 있는."

"오늘 그 영화를 보았으니 앞으로 당분간 딸기 못 잡수시겠네요."

"지금은 무른 딸기라도 먹을 수 있을 것같은데."

"왜요?"

"그사이 감성이 무디어졌는지도 모르지."

"제 생각에는 고약한 화질 때문인 것 같은데요."

"고맙군."

그녀는 나직히 말했다.

"이제 머지않아 새로운 세기가 시작된다고 생각하면 아득해져. 세기가 바뀌도록 살아 있을 줄 꿈에도 생각 못 했으니까."

"선배 나이, 그렇게 많은 것도 아니잖아요. 요즘 육십대는 청춘이에요."

"한때 난 스물아홉 살까지만 살기로 맹세한 적이 있었지."

"비정한 맹세군요."

"아름다운 맹세지."

"그럼 이렇게 하면 되겠네요. 아름다우면서도 비정한 맹세로. 왜 스물아홉이었지요?"

"나에게 이십대는 뭐라고 할까……절대와 완전에 대한 과대망상적 집착으로 점철된 시절이었다고나 할까. 정신이 가지고 있는 힘의 한계를 몰랐던 시절이었지. 어떤 것이 아니라 모든 것을 알고 싶었고, 무엇이나 다 되어보고 싶었고, 온갖 것을 다 사랑하고 싶었으니까. 그러니까 삶의 모습은 언제나 날아오르는 자세였지."

"별을 향해?"

"그래, 별을 향해."

그녀는 고개를 끄덕이며 희미하게 웃었다.

"나에게 삼십대란 치욕의 시간이었어. 힘의 한계를 깨달을 수밖에 없는 시간, 온갖 가능성 대신 한 가지 확실한 것을 선택해야 하는 시간, 날아오르는 자세에서 발을 땅에 내려놓아야 하는 시간이 삼십대라고 생각했으니까. 그런 나의 모습을 결코 용서할 수 없었어. 환상은 언제나 강한 법이니까. 환상을 만든 존재보다. 그래서 일기장과 수첩, 비망록 등을 소각하기 시작했던 거야."

"이십대에 말입니까?"

"응."

그녀는 손수건을 꺼내 머리를 뒤로 묶기 시작했다. 어깨까지 내려오는 그녀의 긴 머리는 희끗희끗했다.

"죽음에 사로잡힌 나를 구원해준 것은 아이러니컬하게도 육체의 병이었어."

"병이라면……"

"티비였지."

"폐결핵?"

"그래, 폐결핵. 폐에 큰 구멍이 두 개씩이나 뻥 뚫려 있었지. 그것이 의사를 무척 놀라게 했어. 폐의 상태에 대한 놀라움이라기보다 그렇게 되도록 방치한 무관심에 대한 놀라움이었지."

"무서운 무관심이었군요."

"그때가 스물아홉이었어. 나중에 깨달은 사실이지만 나를 쓰러뜨린 그 병은 은총이었어. 다시 삶으로 돌아오게 했으니."

"기분이 어땠습니까? 일기장을 태울 때."

"일기장을 태운다는 건 나를 지우는 것이었지. 그건……"

그녀는 어두운 천장을 응시했다.

"참 묘한 기분이었어. 고통과 희열을 동시에 느꼈으니까. 그러니까 나를 지운다는 건 고통이면서 희열이었지. 이십대에 시작한 그 작업이 지금까지 계속되고 있으니……"

"지금까지요?"

"일기 쓰는 버릇은 고질적인 병이었으니까."

"태워야 하는 것들이 나날이 쌓여갔겠군요."

"옛날 수유리에 살았을 땐 낙엽을 모아놓고 같이 태웠어. 마당 구석에 쪼그리고 앉아 저문 빛 속으로 사라져가는 연기를 보고 있노라면 눈물이 고이곤 했지. 낙엽 타는 냄새가 참 좋았어. 아파트 생활을 하고부터 그런 낭만이 깡그리 없어져버렸어. 낭만은커녕 태우려면 무척 애를 먹었어. 자칫하면 집까지 태워먹으니까. 하지만 이제 태울 건 다 태웠어. 그래서 요즘은 홀가분해."

그녀는 정말 홀가분한 표정이 되어 말했다.

"그림자 없는 인간이 되어버렸군요."

"비유가 그럴듯하군. 하지만 꼭 그렇지만도 않아."

"무슨 뜻인가요?"

"그림자를 대신하는 것들이 있으니까."

"그게 뭔데요?"

"내가 아끼는 물건들이지."

"어떤 물건들인데요?"

나는 긴장하며 물었다.

"내 손때가 묻은 음반이라든가, 지난날 내 영혼을 송두리채 흔들었던 책이라든가, 내가 열광했던 이들의 사진이라든가……."

"전부 망자들의 것이겠군요."

"그렇군. 베토벤도, 모차르트도, 니체도, 루도, 니진스키도, 두제도……"

"두제라면 이탈리아 여배우?"

"연극이 도달할 수 있는 최고의 마력을 상징하는 배우였지. 아, 여기 또 하나 있군."

그러면서 자신의 핸드백을 손으로 가르켰다.

"삼층에서 본 비디오인가요?"

"잘 알아맞혔네."

"그럼 제가 선배의 그림자를 빌려달라고 한 셈이었군요."

"그러니 거절할 수밖에."

"조금 이상한데요."

"뭐가?"

"그건 선배의 손때가 묻은 건 아니잖아요."

"하지만 이 속에 중요한 게 들어 있거든."

"뭐가 들어 있는데요?"

"행복한 죽음."

그녀는 낮은 목소리로 속삭이듯 말했다.

4.

그날 밤 여느 때처럼 L선배의 길 안내자가 된 나는 우리가 내려야 할 정류소에 정확히 내렸다. 그녀는 과일을 사야 한다면서 길 모퉁이에 있는 가게로 들어갔다. 조금 후 봉지 두 개를 들고 나와 하나를 나에게 내밀었다. 안을 들여다보니 딸기였다.

"선배 것도 딸기예요?"

내가 궁금한 표정으로 묻자 그녀는 피식 웃었다.

"물론이지. 보여줄까?"

"네."

"자, 봐."

그녀가 벌린 봉지 속에 잘 익은 딸기가 가득 들어 있었다.

"집에 들어가서 맛있게 먹을거야. 그럼, 다음에 봐."

그녀는 손을 흔들었다. 나는 그녀가 어느 골목으로 들어가는지 알지 못한다. 집 근처에서 헤어질 때 등을 보여주지 않기 때문이다.

택시를 잡기 위해 길가에 섰다. 늦은 시간이라 길이 텅비어 있었다. 엷은 안개가 흐르는 길 건너에 포장마차가 보였다. 노천 탁자에는 두 남자가 앉아 술을 마시고 있었다. 하늘을 올려다보았다. 흐린 별들이 드문드문 떠 있었다. 택시가 좀처럼 오지 않았다. 남자들이 탁자에서 일어서고 있었다. 텅빈 길을 가로질러 남자들이 떠난 탁자에 앉았다. 소주와 오징어 데친 것을 시켰다. 첫 잔이 기가 막히게 달았다. 주택가에서 새어나오는 불빛들이 안개와 섞이면서 흐려지고 있었다. 바람 속에서 쓸쓸한 회양목 냄새가 났다. 나는 소주를 조금씩조금씩 마시면서 그녀의 집 안을 상상하기 시작했다. 램프등의 어스름한 빛과 함께 오래된 책들과 구식 오디오, 낡은 LP판들이 아련히 떠올랐다. 벽과 천장은 여전히 보이지 않았다. 문조차도 없었다. 창에는 두꺼운 얼음이 끼어 있었고, 그곳으로 들어가는 길은 지워져 있었다. 나는 고개를 끄덕였다. 그곳은 섬이기도 했고, 은백양 숲으로 둘러싸인 시간의 내부이기도 했다.

눈을 감았다. 오래된 책들 속에서 그림자 없는 영혼들이 소리 없이 나오고 있었다. 그들은 저마다 독특한 걸음걸이로 방 안을 거닐었다. 마주 서서 두런두런 이야기를 나누는 이들도 있었다. 한 남자가 오래된 책 한 권을 집어들었다. 중키라고 하기에는 약간 작은 남자였다. 연갈색 피부에 수염이 없었고, 머리는 체구에 비해 큰 편이었다. 뒤쪽으로 단정히 빗어넘긴 머리카락은 정수리 근처에서 성깃했다.

나는 고개를 끄덕였다. 그 남자는 아셴바흐였다. 훤칠한 이마는 주름이 많이 져서 흉터가 난 것처럼 보였고, 뺨 부분은 야위어

움푹 패어 있었다. 아셴바흐는 책을 두 손에 든 채 위를 올려다보았다. 위에는 천장 대신 하늘이 있었다. 수많은 별들이 영롱한 빛을 발하며 보석처럼 반짝였다. 높이 쳐든 그의 머리가 미세하게 움직이기 시작했다. 좋아하는 별을 찾거나, 아니면 별들의 흐름을 쫓는 모양이었다. 별빛에 물든 그의 얼굴은 푸르스름했다. 잠시후 움직임을 멈추면서 스르르 눈을 감았다. 별들의 냄새를 맡는 것 같았다. 이윽고 눈을 뜬 그는 만족스러운 표정으로 램프등이 있는 탁자로 느릿느릿 걸어가 앉았다. 그리고 양복 윗주머니에서 안경을 꺼내 쓴 후 책을 펼쳤다.

　광활한 바다를 향해 걷고 있는 소년은 주위를 살피려는 듯 멈춰섰다. 그리고 두 손을 허리에 짚고는 상체를 우아하게 돌리면서 해변을 보았다. 거기에는 소년을 지켜보고 있던 아셴바흐가 있었다. 머리를 의자 등받이에 기댄 채 소년의 움직임을 쫓고 있었던 그는 사랑하는 이의 시선을 맞으려는 듯 고개를 들었다. 하지만 이내 고개가 가슴 위로 툭 떨어져 두 눈은 치켜뜨는 형상이 되었다. 바다 너머 머나먼 곳에서 창백하고 사랑스러운 영혼의 인도자가 그에게 방긋 웃으며 눈짓하는 것을 느꼈다.

어슴푸레한 램프등 아래서 자신의 죽음을 읽고 있는 아셴바흐의 입가에 미소가 번지고 있었다. 슬픔과 기쁨이 뒤섞인 미소였다. 누군가 그에게로 다가왔다. 오래된 책의 주인이었다. 긴 머리를 뒤로 묶은 그녀는 하얀 쟁반을 탁자 위에 놓은 후 그의 곁에 살며시 앉았다. 쟁반에는 신선한 딸기가 탐스럽게 담겨 있었다.

＊〈베니스에서 죽다〉는 이덕희 선생을 모델로 하여 2003년 발표한 단편 소설이다. 게재를 허락해 준 정찬 작가에게 감사드린다.

부록

연보 /

좌담회 /

연보

1937	1살	2월 3일 경상북도 영일군 죽장면 입암리 74-1에서 출생. 부친 이정규 모친 정수덕
1943	7살	포항 중앙초등학교 입학
1946	10살	통영초등학교 전학
1949	13살	통영여자중학교 입학
1952	16살	경남여자고등학교 입학(부산), 천주교 통영성당에서 영세받음. 세례명 세레나.
1953	17살	수도여고 전학(서울)
1955	19살	서울대학교 법과대학 입학
1959	23살	서울대학교 법과대학 졸업, 동대학원 입학.
1963	27살	경향신문 입사(기자) (1963. 06 ~ 1964. 10)
1965	29살	조선일보 입사(기자) (1965. 04 ~ 1965. 09), 서울대학신문 조사부장 (1965. 10~)
1966	30살	서울대학신문 조사부장(~ 1966. 10)
1967	31살	결핵으로 투병생활
1968	32살	장편소설 《회생》 발표.
1975	39살	바슬라바 니진스키 《고독한 영혼의 길》 번역
1976	40살	에바 르 가리엔느 《허무한 영광-무대의 마술사 엘레오노라 두제》
1978	42살	칼릴 지브란 《부러진 날개》 번역
1980	44살	니체 《나의 누이와 나》 번역
1981	45살	《발레에의 초대》 발표, 로버트 네이던 《제니의 초상》 번역
1982	46살	《전혜린 평전》 발표
1983	47살	베르나르 가보티 《피아노의 시인 쇼팽》 번역
1984	48살	알프레드 아인슈타인 《음악 연구》 번역
1986	50살	리처드 바크 《갈매기의 꿈》 번역, 브로니슬라바 니진스카 《나의 오빠 니진스키》 번역
1988	52살	《음악과 연인들》 발표
1989	53살	《음악가의 만년과 죽음》 발표, 《불멸의 무용가들》 발표

1990	54살	산문집《내 영혼을 존재케하는 것은》발표,《베토벤 이야기》발표
1991	55살	베르나르 가보티《쇼팽-하늘로 가는 피아노 소리》출간
1992	56살	알프레드 아인슈타인《아인슈타인의 음악에세이》번역, 평전《신화 속의 여배우 그레타 가르보, 그 신비의 베일을 벗긴다》발표
1993	57살	《음악가와 친구들》발표
1994	58살	《세기의 걸작 오페라를 찾아서》발표
1995	59살	《위대한 만남》발표
1996	60살	음악산문집《음악 혼의 광맥을 찾아서》발표.
1997	61살	《불멸의 지휘자 토스카니니》발표
1998	62살	《짧은 갈채, 긴 험로》발표,《불멸의 명연주가들-그들의 데뷔시절》발표
2005	69살	《천재들의 불화사건》발표
2009	73살	《역사를 창조한 이 한 통의 편지》발표
2011	75살	《그대는 충분히 고뇌하고 방황했는가》발표,《왜 베토벤인가》발표
2016	80살	육신에서 해방.

학림다방에서 기린
'법대생답지 않은 법대생' 이덕희의 삶
故이덕희 추모 모임 (2016년 8월 13일 저녁)

기록 한경심 [자유기고가]

2016년 8월 11일 세상을 하직한 문필가 이덕희(13회) 선생을 기리는 추모 모임이 8월 13일 저녁 구 문리대 앞 학림다방에서 열렸다. 이 모임에는 최종고 교수, 오윤덕 변호사, 박용일 변호사, 김영수 시인, 고인의 매제이자 고인의 저서 《전혜린》(2012년)을 출간한 출판사 '나비꿈'의 대표 김기창씨, 김기창씨의 아들이자 고인의 조카 김미체씨, 그리고 고인과 최근까지 교유한 소설가 정찬 교수, 그리고 동아일보 음악동아와 여성동아에서 고인과 인연을 맺었던 기자 출신 한경심씨, 학림다방을 옛 모습 그대로 유지하며 고인에게 마지막까지 커피를 보내준 이충열 대표, 수십 년간 고인을 존경하고 고인의 글을 좋아하여 가까이 모셨던 이은석 선생 등이 참석하였다.

최종고 교수(이하 최): 올해 학림다방이 60주년을 맞았는데, 학림다방과 떼려야 뗄 수 없는 이덕희 여사님이 이번 폭염에 돌아가셔서 감회가 남다릅니다. 제가 어제 장례식에도 참석하지 못해 아쉬워서 오늘 이렇게라도 '번개팅'을 하고 싶었습니다. 이여사님은 법대 문우회 생존회원 가운데 최원로 회원이셔서 문우회 김영수 회장님이 문우회에 부음을 전했습니다. 이여사님은 법대 출신이나 문화계에서 다양하고 왕성한 문필활동을 해오셨습니다. 이 자리는 공식적인 모임은 아니지만, 그 분을 기리는 추모의 뜻을 나누고자 합니다.

김영수(이하 김): 이덕희 선생님은 법대 선배님이시지만 사실 직접 뵌 적이 없습니다. 워낙 바깥출입을 안 하시니 최교수가 같이 찾아가 뵙자고 했는데, 미처 찾아뵙기 전에 이렇게 돌아가시고 말아 안타까운 마음에 오늘 참석했습니다. 아까 듣자하니 조카 분께서 마지막을 같이하셨다고 하는데…….

김미체: 네, 제가 이모님과 가까이 살아 일을 봐드렸습니다. 공과금을 처리한다든가 약을 타온다든가……. 수요일(8월10일) 이모님께서 전화를 안 받으셔서 찾아가 쓰러지신 것을 발견했지요.

김: 제가 다른 책은 접하지 못했는데, 지난 인물전기학회 때 《전혜린》 책을 접하고 놀랐습니다. 놀라우신 선배님이셨습니다.

최: 법대 졸업하시고 대학원은 국제법을 전공하셨어요. 이한기 선생님의 지도를 받으셨죠. 제가 동창회장인데, 지금 이 자리는 동창회원을 보낸 자리이기도 합니다. 이여사님은 경향신문, 조선일보 기자로 활동하시고 수필가, 음악평론가, 무용평론가로 눈부신 활약을 하셨지요. 제가 오늘 좀 일찍 와서 이 앞 아르코극장에서 추모시를 써보았습니다. 다듬어지진 않았으나 낭송해 올리겠습니다.

제목은 '실존의 여왕', 부제는 '이덕희 여사께'입니다.

'서울법대 희귀족 여학생의 하나로/ 3년 선배 전혜린과 친해 전기까지 내시고/ 법대인이면서 가장 법대인답지 않게/ 기자, 수필가, 음악 및 무용평론가로 한국문필계를 올코트 프레싱하시고/ 1950년대와 60년대 실존주의 고독 권태 불안을 몸소 체현하여/ 한평생 낮과 밤을 거꾸로 사시더니/ 만년에는 창동 서민아파트에서 이웃과 부대끼며 곤궁하게 사시면서도/ 실존의 여왕으로 고고함을 지키셨다/ 금년 여름 살인적 폭염 속에 고독의 팔십 생애 접고 가시니/ 부음도 모르고 사흘이 지나/ 옛 학림다방에 모여 마음의 연인 보내기 아쉬워 북받침 누르며 커피만 마신다/ 그때 그 자리 그 음악인데'

한경심(이하 한): 최선생님, 이덕희 선생님을 언제 처음 만나셨는지, 만나셨을 때 이야기를 좀 들려주십시오.

최: 1983년 독일에서 돌아와 《한독교섭사》라는 책을 홍성사에서 냈을 때입니다. 그때 사장이 영화배우 고은아의 남동생 이재철목사로, 책 때문에 자주 만났는데 어느 날 이여사님이 오신다고 해서 성함만 듣던 선배님을 처음 뵙게 됐지요. 정말 소녀 같은 모습으로 나오셔서 술을 엄청 마시고 줄담배를 피우시는데, 제가 깜짝 놀랐지요. 이런 대단한 분이!

한: 반하셨습니까? (일동 웃음)

최: 네! 이후 저는 학교에 묻혀 지내다 1993년 학장으로 있을 무렵 법대 동창의 글을 모아 《하늘이 무너져도 정의는 세워라》를 기획하고 편집을 맡았는데, 여기 여사님이 글을 쓰셨어요. 아까 법대생이면서 가장 법대생답지 않다고 했는데, 그런 심정을 아주 진솔하

게 쓰셨어요. 아, 역시 대단하시구나 했지요. 이후 법대 문우회 결성을 알려드렸더니, 나오시진 않았지만 회지를 매호 보내 달라 해서 보내드리면 정독하시고 회원 동정까지 다 아셨죠. 금년까지 언제나 밤 12시 넘어 전화 주셔서 어찌 지내시는지 알았지요. 게다가 한번 통화하면 말씀이 길죠.(웃음) 이렇게 긴 인연을 이어왔으니 고맙게 생각합니다.

김: 우리가 찾아뵙고 싶어도 낮에는 안 된다고 하셔서 차일피일하다 이렇게 됐습니다.

오윤덕(이하 오): 저는 이선생님을 낙산에서 처음 뵙고 이후 여기 학림에서 뵈었습니다. 그때 휴머니스트회 모임으로 여기 자주 오다보니 여러 번 마주치게 됐습니다. 그 분과 인사를 나눈 게 누구 소개를 받거나 해서가 아니고, 하도 특이하고 인상이 강렬해서 제가 먼저 덜컥 인사를 하게 되더라고요. 가냘픈 듯 강렬해서 남자 눈을 확 끄는, 범접하기 어려운 카리스마가 있었습니다. 그래서 저런 분과 얘기나 한번 해봤으면 싶어 인사를 드린 것 같습니다.

제가 대학 1학년 때 전혜린 선생한테 독일어 강의를 들었는데 전 교수도 술을 많이 마셔서 학교행사가 끝나면 학생들이 부축해야 할 정도였습니다. 기억을 정확히 할 수 없지만 그때 전혜린 교수가 돌아가셨을 때였나, 대화 주제가 주로 전혜린 선생과 관련된 것이었고 당시 서울대 여학생 몇 명이 자살한 이야기를 하며 이선생님도 염세주의자가 아닌가 하는 생각이 들었습니다. 좀 시니컬하시기도 했고요. 제 문학적 소양으로는 대화의 접점을 못 찾겠더군요. 주로 듣기만 했지요. 제가 문학적 소양이 있었다면 많은 대화를 나눴을 텐데, 그렇지 못해 길게 이야기를 못 이어나갔습니다. 당시 애인도 없던 시절이라 여성을 잘 몰랐지만 이선생님은 남성을 바라보는 것 같지 않았습니다. 도수 높은 안경 탓인지 모르겠지만 동공이 상대를 바라보는 게 아니라 또 다른 높은 차원에서 보는 듯한, 고고하달까 그런 인상이었습니다.

최: 법대 남학생들은 눈에도 안 들어왔다고 글에 쓰신 적이 있습니다.

김: 동급생 남자들이 그랬다는 것이지요?

최: 이여사님이 가톨릭학생회 활동도 하셨는데, 그런 인연으로 오늘 오실지 모르겠지만 최영도 변호사님이라고 음악도 좋아하시는 분이 계시는데, 최변호사님과 가까운 박용일 변호사님이 한말씀 해주시기 바랍니다.

박용일(이하 박): 저는 이덕희 선배님을 글로만 뵀습니다. 제가 재학 중 군대에 갔다가 직장생활을 하고 또 외국 가 있느라 보통 법대생과 좀 달랐지요. 미국에서 돌아와 6월 항쟁 등 시국사건에 골몰하다 보니 원래 문학 음악 미술을 좋아하지만 누릴 여유가 없었습니다. 그러다 90년대, 그때도 민중당 활동을 하고 있을 땐데 이래선 안 되겠다 싶어 마침 유홍준 교수의 답사에 끼어 다녔습니다. 법대 선배들 소식도 궁금하던 차에 다행히 이런 문집들이 나오고 이선배님 책도 몇권 보게 됐지요. 법대생의 전형과 다른 삶을 사신 선배들로 이선생님과 황병기 선생, 최희준씨 등이 있죠. 저도 그러네요. 변호사로 활동하다 보니 문화계 사건도 많이 맡았습니다. 미술계 신학철씨, 정태춘의 음반 관련사건, 연극계 유인태씨, 영화검열 사건까지. 변호사의 장점이 다방면을 접하고 공부하게 되는 점입니다. 외화 직배 반대운동 때 극장에 뱀을 푼 사건도 맡았지요.

한: 뱀을 푸셨어요?(일동 웃음)

박: 하하. 당시 사회가 지금 못지않게 심각했죠. 아무튼 법대 선배님 가운데 그런 분들을 접할 때마다 좀 더 소양을 쌓아야겠다, 큰 자극이 됐죠. 지난번 인물전기학회에서 전혜린 선배를 주제로 했을 때 이선배님의 책을 다시 보며 법조인 소양과 문학적 소양이 어우러져 이렇게 좋은 글이 나왔다고 봅니다. 나도 그런 깊이 있는 글을 쓸 수 있었으면 하는 이룰 수 없는 바람을 품어보았습니다. 아무튼 이선배님은 적당한 나이에 돌아가신 거라고 봅니다. 저는 여든다섯까지로 정했지만. 우리는 좀 편안한 세대니까.

한: 나중에 90세로 연장하시는 건 아닌가요? (일동 웃음)

박: 건강하게 살아야 하는데, 80 넘어 건강하게 사는 건 어렵지 않을까요? 최선생님은 90 넘기시겠지만.(웃음)

최: 고맙습니다. 올해는 학림다방에도 의미 있는 해입니다. 이충열 사장님 말씀 듣고 싶네요.

학림의 붙박이로 통하던 인물

이충열: 저는 학림다방을 87년부터 맡아왔습니다. 75년 서울대가 동숭동을 떠나게 되면서 예전 학림 주인이 파셨는데, 지하철이 나자 새 주인이 옛 일본식 건물을 헐고 새 건물을 짓고 학림다방을 다른 용도로 쓰려 했어요. 그러다 보존 여론이 이니까 계속하긴 했지만 레스토랑처럼 꾸미고 웨이터에 가요가 흘러나오니 이선생님이 와서 보시곤 속이 상해 이쪽으로 안 지나가고 창경궁으로 돌아가셨다고 합니다. 그러다 1987년 제가 학림을 맡으면서 음악도 클래식으로 바꾸고, 옛날처럼 복원하고자 했지요. 당시 이선생님이 음악동아에 글을 쓰셨는데 담당기자였던 정찬씨와 만나 집에 가시는 길에 정찬씨가 학림에서 차 한잔 더하고 가자 하니 이선생님이 안 간다고 하셨답니다. 정찬씨가 먼저 올라와보고 클래식도

나오고 괜찮다고 해서 올라오셨어요. 제가 이선생님을 알아보고 인사드렸더니 깜짝 놀라시며 반기셨습니다. 그게 인연이 되어 계속 찾아주셨어요. 30년 가까이 커피를 보내드리면서 돌아가시기 얼마 전까지 통화하였지요. 거동 안하시고 집에만 계시면서 커피만 주문하셨습니다. 커피 맛을 느끼는 게 아직 살아있는 것 같다고 하셨지요.

그때 김민기씨도 자주 왔었는데, 두 분 모두 쌍문동에 사시고 저도 도봉동에 살다 보니 두 분이 제 차를 타고 가기 위해 음악을 들으며 기다리시곤 했어요. 어느 날 차 안에서 두 분이 논쟁을 벌인 적이 있습니다. 김민기씨도 카리스마가 대단한 분이었지요. 그때 김민기씨 어머님이 아흔 살로 돌아가실 무렵이라 좀 예민했던지 이선생님의 가벼운 말에 예민하게 반응해 논쟁이 시작됐습니다.

박: 이선생님이 마지막으로 오신 건 언제인지요?

이충열: 몇 년은 된 것 같습니다.

이은석(이하 이): 작년 11월 이선생님과 통화했을 때 2013년 연금술사 출판사 사람과 대면한 것이 마지막 외부활동이라고 하셨어요. 2013년 여름 강석경씨와 동네 식당인 '시골밥상'에서 식사한 것이 마지막 외출이고요. 저는 이선생님의 번역서 《나의 누이와 나》의 독자로 만나게 되었습니다. (이은석씨와 이덕희 선생의 인연은 이은석씨의 글을 참조) 1984년에 처음 만나 지금까지 32년째인데 인연이 이렇게 이어지리라곤 생각도 못했습니다. 이선생님이 쓰신 다양한 분야의 책을 접하며 선생님의 정신세계는 심오하다는 걸 느꼈습니다. 또 선생님의 장편소설 《회생》이 절판됐는데, 제가 대학도서관에서 구해 읽었더니 제 성의를 칭찬해주셨지요.

최: 《회생》은 이선생님이 유일본을 갖고 계셨는데, 법대 후배인 주광일변호사에게 빌려주기도 했다는 말을 들었어요.

이: 제가 한국가스공사 홍보실에서 사보를 담당할 때 이선생님이 '위대한 만남'을 사보에 연재하셨어요. 괴테와 실러, 도스토예프스키와 안나, 보들레르와 들라크루아, 모차르트와 다폰테 등 17편의 원고를 실었으니 1년 5개월 동안 학림에서 만나 원고를 받았지요.

최: 육필로 쓰셨나요?

한: 언제나 전용 원고지에 육필로 쓰셨죠.

이: 그 육필 원고를 아직 갖고 있습니다.

최: 이여사님이 해외 여행 경험은 있는지요?

이: 없으신 걸로 압니다.

최: 외국어는 얼마나 하셨는지? 독일어는 전혜린 교수에게 배우셨을 테고.

한: 영어는 번역도 하셨고, 불어도 조금 하신 것 같습니다. 배우 두제

를 인터뷰한 에바 르 갈리엔느의 책을 번역한 걸 보여주셨는데, 영어본을 번역하신 것인지 불어본을 번역하신 것인지 모르겠지만 불어도 조금 나와 있었습니다. 불어 문법에 약간 오류가 있긴 했지만 불어에 꽤 친숙하신 것 같았습니다. 제게 보들레르의 〈악의 꽃〉 불어판을 선물해주셨어요.

최: 외국에 안 나가시고 순전히 머리로 외국어를 하셨군요. 왜 외국에는 안 나가셨는지?

이: 건강상 가시기 힘드셨을 겁니다.

한: 제게 말씀하시기를 예전에 참 나가고 싶었다고 하시면서 '한번은 외국인을 만나 얘기를 했는데, 내 말을 잘 못 알아듣더라' 하시더군요.(일동 웃음) 옛날 발음이셨나 봐요. 나중에는 건강 때문에 아예 생각도 하지 않으셨죠.

박: 강만길 교수와 좀 길게 해외여행을 한 적이 있는데 강교수가 '왜 미리 못 나왔던가, 만약 미리 왔었더라면 달랐을 텐데' 한탄하시더군요. 우리 선배들은 못 나갔지요. 80년대 초반까지 해외여행이 어려웠죠. 최교수야 자유롭게 다니셨겠지만.

학림에서 이루어진 우연과 마지막 통화

<u>정찬동(이하 정)</u>: 저는 소설 쓰는 정찬이라고 합니다. 예전에 여성동아와 음악동아 기자로 있으면서 이선생을 자주 뵙고 담당한 적도 있습니다. 80년대 집이 창동이어서 선생님이 사시던 우이동과 방향이 같아 담당기자로 만나 식사하고 차도 마시고 같이 차를 타고 갔습니다. 제가 기자를 그만두고서는 가끔 만났는데, 마지막 뵌 것이 10년도 더 됐나? 한기자와 같이 셋이서 밥 먹은 것이 마지막이었는데, 그 뒤로 얼굴을 안 보여 주셨어요. 몸이 나빠지면서 특별한 일 아니면 외출 안 하셨으니까. 머리도 세고 하니 얼굴 보여주고 싶지 않으셨나 봅니다. 통화는 일 년에 서너 번, 제가 학기 중에는 부산에 있는 학교에 있으니까 방학 때 서울 올라오면 전화를 드리곤 했습니다. 마지막 통화가 돌아가시기 전 주인 8월 8일, 오후 네 시 좀 넘어서였습니다. 날씨가 워낙 더워 몸 약한 노인들이 힘드실 때라 걱정이 되어 전화했는데, 너무 힘들어 전화 받을 상태가 아니다, 누워 있다, 이번엔 회복이 힘들 것 같다고 하셨어요. 그리고 정찬씨 건강 챙겨라, 전화 줘서 고맙다, 며칠 후 다시 전화하라 하셨는데, 날짜를 꼭 정한 것도 아니어서 전화 드리지 못하고 있다가 12일인가 시내 나갔다 이상한 기분이 들었지요. 통화하면 대개 10

분 이상 이야기하시는데. 마지막 통화는 짧았으니 좀 느낌이 왔어요. 집으로 들어가다 혹시 커피를 보내는 학림 사장님은 소식을 아는가 싶어 학림에 들렀지요. 그때가 밤 10시였나? 이사장님이 7월에 커피 보내고 소식이 없었다기에 그 자리에서 바로 전화했지요. 동생분이 받아 돌아가셨다고……그래서 알았지요. 가족이 장례 치르고 연락하려고 했다니까 하마터면 장례식도 놓칠 뻔했지요.

이충열: 타이밍이 참 절묘했어요. 이선생님이 학림다방에 다시 오시게 된 기막힌 이야기를 정찬씨가 〈베니스에서 죽다〉라는 소설로 쓰셨는데, 이번에도 학림에서 전화해 여동생과 통화하게 됐죠. 동생분이 영정사진 가지러 선생님 댁에 잠시 들른 사이 통화가 된 것이거든요. 그 잠깐 사이에 절묘하게. 이선생님이 마지막 얼굴 보여주시려고 그때 통화가 된 것 아닌가 싶습니다.

정: 입관할 때 마지막 얼굴이 기억에 안 지워질 것 같습니다. 물론 장의사가 화장도 했겠지만 너무 고우셨어요. 그렇게 고우실 줄 몰랐어요. 주름도 없고 평온하고 아름답고. 시신 얼굴이 그렇게 고운 건 처음 봤어요. 사실 제가 전화할 때마다 죽고 싶다고 하셨거든요.

이: 아프지 않는 날이 아픈 날보다 적다고 하셨어요.

정: 맨날 아프셨죠. 계속 아프시고.

오: 죽고 싶다는 말씀을?

정: 전화할 때마다 죽고 싶다고 하셨죠.

오: 젊었을 때 천재성이 번쩍번쩍할 정도로 강렬한데다 죽음, 자살 이야기를 해서 저는 이렇게 오래 사실 줄은 몰랐습니다.

정: 나이 드시며 몸이 무너진 상태가 되어 두통에다 온몸이 저리는 고통, 게다가 책을 제대로 못 보시고 글도 못 쓰시니까. 본인이 글 못 쓰면 죽은 거라고 하셨는데 글 못 쓴 지 10년이 넘었거든요. 어쩌면 곡기를 끊고 돌아가셨다면 더 편안하지 않았을까 그런 생각도 들었습니다. 결국 자연사하셨는데, 마지막 생명의 진이 다 빠져버려 소진됐다고 할까요.

최: 마지막 신앙은 무엇이었는지요?

정: 신앙은 잘 모르겠는데 세례도 받으신 걸로 압니다. 어릴 때 받으시고 성당은 다니시지는 않으신 것 같습니다.

김기창: 이선생님의 아버님이 나이 드셔서 천주교로 개종하시며 자식들도 모두 영세 받게 하신 걸로 압니다. 선생님은 성당에 안 나가셨지만 저보고는 성당에 꼭 나가라고 하셨죠.

이: 스스로 냉담자라고 하셨어요. 기독교는 자살을 죄악으로 보잖아요. 말초신경염 같은 고질병이 있으셔도 사는 데까지 사는 게 인생관이셨던 것 같습니다.

최: 제가 듣기로 아래층 집과 층간소음으로 갈등이 있었는데, 혹시 돌아가시는 데 관련이 있지 않나 걱정을 했었습니다. 그 문제로 저한테도 몇 차례 전화하셔서, 법대 문우회원 몇 사람과 함께 우리가 도울 수 있지 않나 싶어 파출소를 찾아가 소장한테 부탁도 한 적이 있어요. 다행히 그 문제는 관련이 없는 것 같군요.

김기창: 더위 영향이 많았던 것 같습니다.

한: 그 문제가 직접 요인은 아니겠지만 최근 몇년 선생님을 가장 괴롭힌 것은 맞습니다. 제게 자주 전화하셔서 그 소리 때문에 못 살겠다고 하소연하셨죠. 정찬 선배와 선생님 가까이 사는 조여나씨가 아래층 사람까지 만나 애를 썼지만, 선생님의 태도는 변하지 않았습니다. 저는 그 문제가 해결되지 않으면 선생님이 돌아가실 것 같다는 생각이 들었고요. 그런데 선생님이 들으신 기계음과 모터소리는 몸이 아주 약한 사람들에게 들리는 이명이라는 말을 들었습니다. 선생님은 끝까지 총기 잃지 않으셨으니 환청은 아니고 몸이 허약한데서 온 이명이 아닐까, 또 이명이 아니어도 선생님 스스로 의심해보시길 바랐습니다. 이 문제에서 제발 해방이 되셨으면 싶어 선생님이 화내실 줄 뻔히 알면서 편지를 드렸지요. 병원에 가서 검사해보고, 이명이 아니면 데시벨 측정기로 측정해보자고요. 아래층 사람들이 거칠게 나오면 선생님이 위험하지 않을까 걱정이

너무 됐으니까요. 그런데 역시 편지 받으시고 굉장히 화를 내셨죠. 머릿속 소리와 바깥소리를 구별 못할 줄 아느냐면서요. 결국 당신 말을 못 믿은 것 아니냐고 섭섭해 하셔서 제 마음도 아프고 후회도 했습니다.

김기창: 제가 댁에 가서 선생님 행동을 봤는데 영화 〈뷰티풀 마인드〉에 나오는 천재 수학자 존 내쉬와 비슷한 증상 아닌가 싶었습니다. 그런데 아는 선배 부인이 미국 정신전문의라 물어보았더니 나이든 이들에게 자주 보이는 증상이라고 하더군요. 노환에서 오는 우울증 초기 증상일 수 있는데 약만 먹으면 호전된답니다. 그런데 고학력 여성이라면 절대로 말을 듣지 않을 것이라고 하더군요.

한: 선생님 고집으로는 절대로 수긍하지 않으셨을 것 같습니다. 그런데 이선생님의 가장 큰 업적은 그런 고집과 의지에서 나온 것일 수도 있다는 점을 기억하고 싶어요. 지금도 그렇지만 이전 세대에 온전히 자유기고가로 활동한다는 것은 웬만한 정신력이 아니면 버티기 힘듭니다. 평생 다양한 주제로 깊이 있는 글을 써오신 업적은 문화계를 넘어 사회적으로도 존경받아야 마땅한데, 우리 사회는 이런 가치를 알아주지 않아 안타까울 따름입니다.

또 한 가지 꼭 덧붙이고 싶은 것은, 선생님은 다른 이의 재능을 알아보시고 키우는 데 남다른 열정을 지니셨던 분이라는 겁니다. 윌

간 '춤' 잡지에 몇십 년 간 보수 없이 글을 쓰고 번역을 실으면서, 재능 있는 번역가를 키워내고—이윤기씨도 그중 한 명이었지요—감각이 있는 편집 디자이너, 진지한 편집자를 출판인으로 거듭나게 북돋아주었습니다. 선생님의 격려로 크게 성장한 출판계 사람이 많습니다. 게으른 제게도 늘 글 쓰라고 채찍질해주셨지요. 그런 인격을 가진 어른은 참으로 귀합니다.

최: 이제 자리를 옮겨 계속 얘기를 해볼까요? 커피는 학림의 이대표님이 제공하신다고 하십니다.

김: 저녁은 유족 대표로 저희가 대접하겠습니다.

* 이글은 2016년 서울법대문우회지 〈Fiedes〉 제 5호에 실린 것으로 게재를 허락해 준 서울법대문우회에 감사드린다.

이덕희

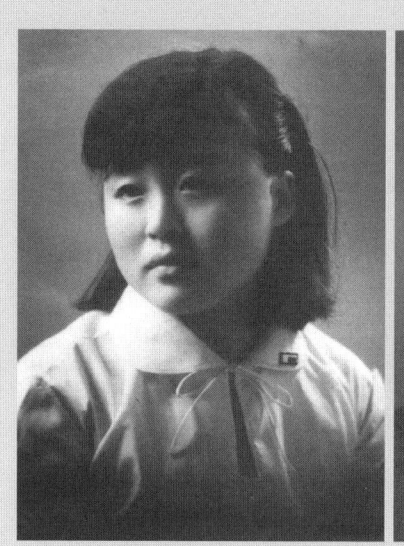 

이덕희
'어떤 것'이 아니라 '모든 것'을 알고 싶었던

초판 1쇄 2017년 11월 2일 | **출판등록** 제300-2010-4호 | **지은이** 한경심 외 17인
펴낸이 김기창 | **펴낸곳** 도서출판 나비꿈 | **책임편집** 김미체 | **디자인** 박소희
인쇄 천광인쇄 | **주소** 서울 종로구 창경궁로 265 상가동 2층 2호
전화 02-741-7719 | **팩스** 0303-0300-7719
홈페이지 www.lihiphi.com | **이메일** lihiphi@lihiphi.com

ISBN 979-11-85429-16-8 03810

• 책값은 뒤표지에 있습니다.